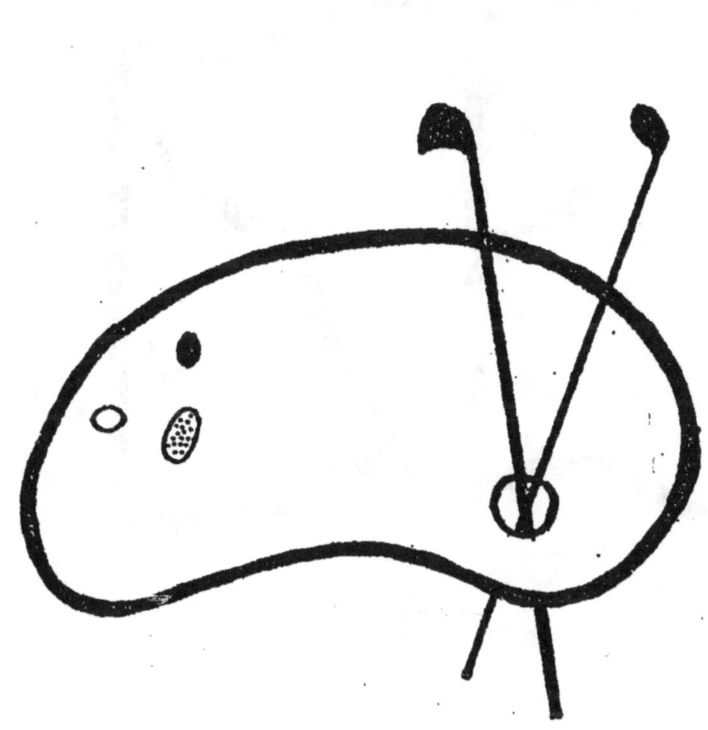

DEBUT D'UNE SERIE DE DOCUMENTS
EN COULEUR

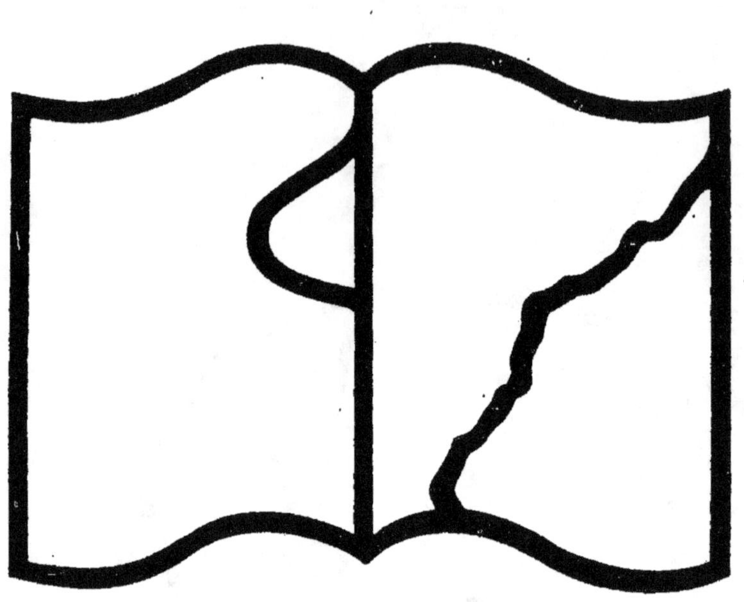

Texte détérioré — reliure défectueuse

NF Z 43-120-11

VALABLE POUR TOUT OU PARTIE DU
DOCUMENT REPRODUIT

LES
CAUSES DE L'INCRÉDULITÉ

POURQUOI Y A-T-IL DES HOMMES
QUI NE PROFESSENT AUCUNE RELIGION ?

PAR

M. l'abbé GUYOT

Curé-doyen de Gérardmer, docteur en théologie et en droit canon,
ancien professeur de théologie, chanoine honoraire de St-Dié,
auteur du « *Cours supérieur de Science religieuse* »
et du « *Cours élémentaire de Science religieuse* ».

PARIS
LIBRAIRIE BLOUD ET BARRAL
4, RUE MADAME ET RUE DE RENNES, 59
1897

SCIENCE ET RELIGION

NOUVELLES ÉTUDES PHILOSOPHIQUES, SCIENTIFIQUES ET RELIGIEU[

Collection de vol. in-12 de 64 pages *compactes*

Prix : **O fr. 6O** le vol.

Depuis longtemps les ennemis de la religion ne cessent de faire rete[
dans tous les organes dont ils disposent : livres, journaux, revues, b[
chures, ce qu'ils appellent les « **RÉSULTATS CERTAINS DE LA SCIEN[**
MODERNE » avec la conclusion clairement exprimée ou perfiden[
sous-entendue qu'il y a DÉSACCORD entre ces *résultats* et les *affirm[*
tions de la Foi.

Nos savants catholiques n'ont pas manqué de répondre. L'ont-ils t[
jours fait de manière à rester facilement *accessibles à toutes les clas[*
de lecteurs ?

De nombreux et volumineux ouvrages d'apologétique ont été publi[
mais précisément la méthode apologétique et le mot lui-même ne sont.[
pas dès l'abord suspects aux *incrédules* et même aux *indifférents* ?[
l'examen de ces inconvénients est née l'idée d'une *collection* où les mên[
vérités seraient exposées dans le même but, mais sous une forme p[
concise, plus claire, plus attractive, plus compréhensible pour to[
quoique très particulièrement *scientifique.*

Notre Bibliothèque des *Nouvelles études* sera RELIGIEUSE : sur tous[
points l'enseignement catholique est le phare dont nous suivrons la lumiè[

Mais elle sera en même temps et AVANT TOUT *une bibliothèque* PHIL[
SOPHIQUE *et* SCIENTIFIQUE *destinée à faire connaître les principal[*
manifestations de la pensée humaine dans la recherche de la vérité.

Aussi ne s'interdira-t-elle pas l'exposé des solutions personnelles, or[
ginales. Elle comportera nombre de sujets qui n'intéressent que de lo[
la foi ou lui sont même étrangers. *Par là elle contribuera,* nous l'esp[
rons, à développer chez nos lecteurs l'esprit philosophique, les initier[
et les habituera aux méthodes des sciences, aux procédés tout moder[
nes de la critique historique ou de la philologie.

Chacune de nos monographies aura pour but de faire con[
naître, sur chaque sujet, l'état actuel précis de la question e[
de donner le dernier mot de la science.

Aux gens du monde loyaux et consciencieux trop souvent arrêtés par le[

objections spécieuses comme devant d'inexplicables énigmes; aux jeunes gens désireux d'approfondir la science de la foi ; aux conférenciers, prédicateurs, professeurs astreints à des recherches longues et fatigantes ; aux prêtres toujours désireux de faire lire des ouvrages vraiment remarquables, intéressant la défense de la Religion, n'est-ce pas rendre service de présenter, dans une série de TRAITÉS SUBSTANTIELS et SUGGESTIFS, les principales vérités philosophiques, historiques et religieuses?

Ajoutons que la publication de notre Bibliothèque par opuscules vendus séparément, *à un prix modique*, rendra facile à chacun la formation lente et successive d'une précieuse encyclopédie *scientifique*.

Pour réaliser ce programme, d'éminents collaborateurs ont bien voulu nous assurer leur concours. Parmi eux nous citerons : MM. GONDAL et GUIBERT, professeurs à St-Sulpice, le R. P. de la BARRE, M. l'abbé PISANI, professeurs à l'Institut catholique de Paris, le R. P. ORTOLAN, M. l'abbé CONSTANT, (tous deux) lauréats de l'Institut catholique de Paris, M. l'abbé THOMAS, vicaire général de Verdun, M. GUYOT, *auteur de la Raison conduisant l'homme à la Foi*, M. G. FONSEGRIVE, G. ROMAIN, P. CORBET, ancien élève de l'École polytechnique, JEANNIARD DU DOT, etc.

Cette liste est destinée à s'allonger; bientôt s'y ajouteront, nous en avons la promesse, les noms des personnes si autorisées qui, dès la première heure ont bien voulu accorder à notre projet les plus honorables et les plus flatteurs encouragements.

En contribuant ainsi dans la mesure de nos forces à l'union de l'esprit scientifique et de l'esprit de foi, nous répondons aux besoins de l'époque et à la pensée du Pape Léon XIII dont la grande voix s'est si souvent élevée pour recommander aux catholiques de se servir des connaissances et des méthodes scientifiques pour la défense de leur foi.

Voici une première liste des ouvrages parus ou à paraître incessamment:

— **Certitudes scientifiques et Certitudes philosophiques** par le R. P. de la BARRE S. J. professeur à l'Institut catholique de Paris. **1 vol.**

— **L'Ame de l'homme** par J. GUIBERT prêtre de St.-Sulpice, professeur de sciences naturelles (maison d'Issy). **1 vol.**

— **Faut-il une religion ?** par M. l'abbé GUYOT, curé-doyen de Gérardmer, docteur en théologie et en droit canon, ancien professeur de théologie. **1 vol.**

— *Du même auteur :* **Pourquoi y a-t-il des hommes qui ne professent aucune religion ?** **1 vol.**

— **Etudes sur la Pluralité des mondes habités et le dogme de l'Incarnation** par le R. P. ORTOLAN, docteur en théologie et en droit canonique, lauréat de l'Institut catholique de Paris, membre de l'académie de Saint Raymond de Pennafort. **3 vol.**

I. — *L'Épanouissement de la vie organique à travers les plaines de l'infini.* **1 vol.**

II. — *Soleils et terres célestes.* **1 vol.**

III. — *Les Humanités astrales, et l'Incarnation.* **1 vol.**

Chaque vol. se vend séparément.

— **L'Au-delà ou la Vie future d'après la foi et la science** par M. l'abbé J. LAXENAIRE, docteur en théologie et en droit canon et de l'Académie de St Thomas d'Aquin, professeur au grand séminaire de St-Dié.   1 vol.

— **Le Mystère de l'Eucharistie. — Aperçu scientifique** par M. l'abbé CONSTANT, docteur en théologie, lauréat de l'Institut catholique de Paris.   1 vol.

— **L'Eglise catholique et les Protestants** par G. ROMAIN auteur de : *L'Eglise et la Liberté, Le Moyen Age fut-il une époque de ténèbres, de servitude ?*   1 vol.

— **Mahomet et son œuvre** par I. L. GONDAL professeur d'éloquence au séminaire Saint-Sulpice.   1 vol.

— **Christianisme et Bouddhisme** (*Études orientales*) par M. l'abbé THOMAS, vicaire général de Verdun.   2 vol.

L'ouvrage est divisé en deux parties dont aucune ne se vend séparément.

Première partie : *Le Bouddhisme.*

Deuxième partie : *le Bouddhisme dans ses rapports avec le christianisme. — Ascétisme oriental et ascétisme chrétien.*

— **Où en est l'Hypnotisme,** son histoire, sa nature, et ses dangers par A. JEANNIARD DU DOT, auteur du *Spiritisme dévoilé.*   1 vol.

— *Du même auteur :* **Où en est le Spiritisme,** sa nature et ses dangers.   1 vol.

— **Nécessité scientifique de l'existence de Dieu,** par Pierre COURBET, ancien élève de l'Ecole Polytechnique. — in-18 raisin de 72 pages. — Prix, 0 fr. 60.

— *Du même auteur :* **Jésus-Christ,** in-18 raisin de 72 pages. — Prix, 0 fr. 60.

Ces deux derniers opuscules, parus il y a environ un an, sont édités exceptionnellement dans le format in-18 raisin. Leur succès considérable et si encourageant a déterminé la création définitive de la bibliothèque des *Nouvelles Etudes.*

Dans le premier l'auteur expose, d'une manière brève mais très serrée, les preuves les plus décisives de cette affirmation que l'existence de Dieu est une vérité mathématique et le dernier mot de la science moderne. Dans le second, **Jésus-Christ,** M. P. Courbet continue son exposé rationnel et logique des fondements de la foi chrétienne. Après avoir démontré par des preuves uniquement scientifiques que Dieu existe, il en déduit que Jésus-Christ est Dieu.

CITEAUX. — IMP. GUILLERMAIN.

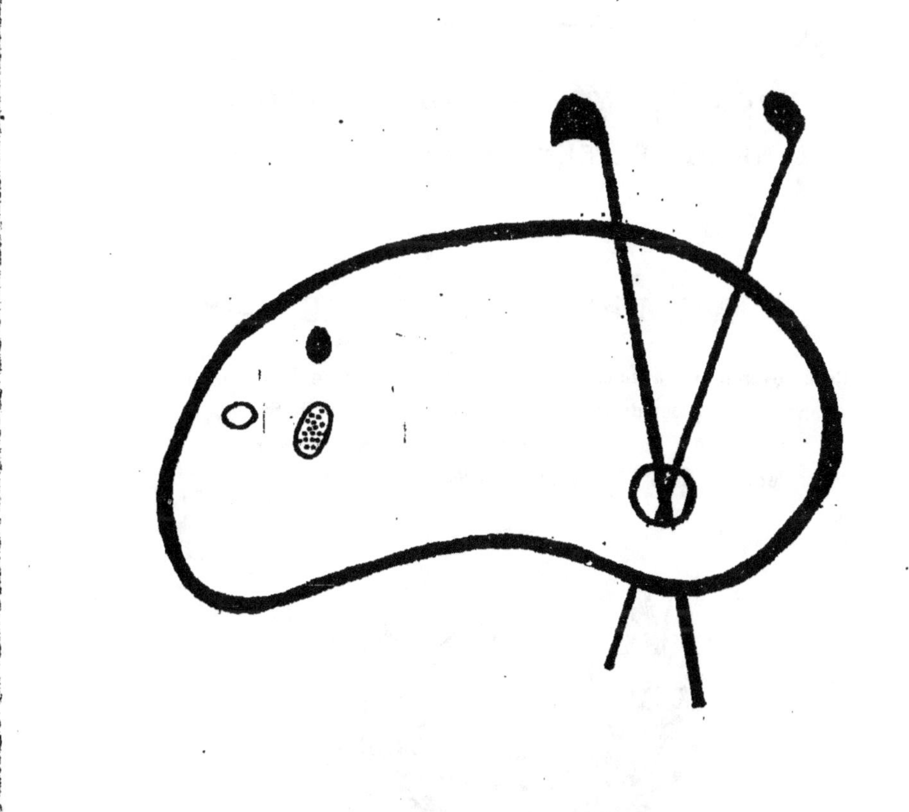

**FIN D'UNE SERIE DE DOCUMENTS
EN COULEUR**

SCIENCE ET RELIGION

Nouvelles Études

LES

CAUSES DE L'INCRÉDULITÉ

POURQUOI Y A-T-IL DES HOMMES
QUI NE PROFESSENT AUCUNE RELIGION ?

PAR

M. l'abbé GUYOT

Curé-doyen de Gérardmer, docteur en théologie et en droit canon,
ancien professeur de théologie, chanoine honoraire de St-Dié,
auteur du « *Cours supérieur de Science religieuse* »
et du « *Cours élémentaire de Science religieuse* ».

LES CAUSES DE L'INCRÉDULITÉ

POURQUOI Y A-T-IL DES HOMMES
QUI NE PROFESSENT AUCUNE RELIGION ?

L'irréligion provient d'abord des infirmités intellectuelles. — Ces infirmités sont : l'ignorance des choses religieuses ; — la légèreté d'esprit ; — le jugement faussé par le défaut de cœur, par excès d'imagination, par la science exclusive. — Les infirmités morales engendrent aussi l'irréligion. — Ce sont : l'orgueil de la science, l'orgueil de la vertu, l'orgueil de la prospérité ; — la volupté qui produit dans l'âme le dégoût de la vérité et la haine de la vertu ; — la cupidité qui éteint la lumière de la foi, énerve les caractères, rend les cœurs égoïstes et sème les divisions entre les diverses classes de la société. — Une dernière cause d'irréligion, c'est l'influence du milieu où l'on vit. Au foyer domestique, déchéance de l'autorité paternelle, égoïsme de la mère, émancipation précoce de l'enfant. Au collège on fausse les jeunes intelligences et l'on corrompt les cœurs. Dans la société, l'esprit public est perverti. — Parole sceptique ; presse vénale et irréligieuse ; relâchement des mœurs.

L'humanité est naturellement religieuse (1). Aussi l'irréligion n'apparaît-elle que comme un accident de l'esprit humain ; elle n'est pas un état normal. Il est des peuples en Orient qui jamais ne l'ont connue, des temps où elle ne se montre pas même comme un phénomène irrégulier et passager. Les deux époques où elle a semblé aspirer à la domination, sont le siècle d'Auguste et les temps actuels, époques de décadence morale.

Toutefois, elle n'a pu produire que des apostasies

____

(1) Voir du même auteur : *Faut-il une religion ?*

individuelles ; car les peuples restent toujours religieux, c'est une loi de leur nature ; et, s'ils renient
la religion véritable, c'est pour embrasser un culte
faux et superstitieux.

Mais rien n'est isolé dans ce monde, tout s'en-
chaîne ; si un homme procède d'un homme, un
peuple d'un autre peuple, une époque aussi, avec
les caractères qui la distinguent, naît d'une autre
époque. D'où nous vient donc ce souffle d'incrédulité
qui dessèche tant d'âmes, tarit la source des nobles
sentiments, affaiblit les caractères, en ébranlant les
convictions les plus indispensables et en laissant
partout les agitations d'un scepticisme désolant ?

Jusqu'au seizième siècle, l'erreur ne livra à la
vérité que des combats partiels ; elle attaqua, dans
le cours des âges, les dogmes chrétiens successive-
ment, mais elle respecta l'autorité qui les ensei-
gnait. Luther vint, arborant l'étendard de la rébel-
lion contre l'autorité elle-même. Il nia que l'Eglise,
que le pape fût l'organe chargé de conserver et de
communiquer aux hommes la parole divine ; il af-
firma l'indépendance absolue de la raison humaine
dans l'interprétation de la Bible. Ce fut une révolution dans le monde religieux. Au dix-septième
siècle, le protestantisme, effrayé des ruines qu'il
avait amoncelées, tenta, par l'intermédiaire de Leibnitz, de rentrer dans l'unité, mais il n'eut pas le
courage de réaliser son dessein ; il se remit à pour-
suivre son œuvre de destruction. L'on vit le dix-
huitième siècle nier la divinité de Jésus-Christ, et la
providence, reléguant Dieu dans le lointain des
cieux, professant le déisme, rejetant toute révéla-

tion et ne voulant admettre d'autre religion que la religion naturelle.

Du déisme à l'athéisme il n'y a qu'un pas ; cette distance devait être franchie rapidement. Aussi, dans les temps présents, surtout dans cette seconde moitié du dix-neuvième siècle, l'attaque contre la vérité est devenue plus radicale. Le seizième siècle avait chassé Dieu de l'Eglise, niant que le pape fût son vicaire sur la terre ; le dix-huitième l'avait exclu de Jésus-Christ, prétendant que le rédempteur du genre humain n'était qu'un homme ; de nos jours, c'est une guerre ouverte à tout ce qui apparaît encore divin sur la terre ; c'est la guerre à Dieu, où il reste encore des traces de sa présence. Négation de tout caractère divin dans l'autorité, de tout droit divin dans la propriété ; révolution et socialisme en permanence : telle est la marche logique de l'erreur, depuis le protestantisme.

Ce n'est plus aujourd'hui le rire de Voltaire, ce n'est plus l'attaque frivole ; c'est l'attaque sincère et décisive. Le combat se livre entre la vérité intégrale et le positivisme ou le matérialisme le plus abrutissant ; entre l'affirmation catholique et la négation absolue ou le scepticisme. Comme l'homme a horreur du néant, il y aura nécessairement réaction et retour à la vérité. Déjà les esprits attentifs signalent un réveil chrétien.

« Il y a progrès de foi chrétienne », a dit M. Guizot, « progrès d'œuvres chrétiennes, progrès de science chrétienne, progrès de force chrétienne, progrès incomplets et insuffisants, mais réels et féconds, symptômes d'une vitalité puissante et pleine d'avenir.

Que les ennemis du christianisme ne s'y trompent point ; ils lui font une guerre à mort, mais ils ne font point la guerre à un mourant (1). »

Nous allons rechercher quelles sont les causes qui, depuis le protestantisme, ont favorisé cette marche logique et progressive de l'erreur et retiennent encore aujourd'hui beaucoup d'âmes captives dans les régions arides de l'incrédulité.

Parmi les causes d'incrédulité, il y en a qui sont de tous les temps, parce qu'elles sont inhérentes à la nature humaine ; d'autres proviennent de l'influence des milieux dans lesquels nous vivons et sont propres aux temps présents. Nous les classerons en trois catégories : 1º les infirmités intellectuelles ou les défauts de l'esprit ; — 2º les désordres de la volonté ; — 3º l'influence des milieux où nous vivons.

I.

LES INFIRMITÉS INTELLECTUELLES.

Les faiblesses et les infirmités de l'esprit humain sont souvent des causes qui expliquent le douloureux phénomène de l'irréligion. Quelquefois ces défauts sont involontaires et ne révèlent qu'une déviation, un produit fatal de la nature ; d'autres fois, ils sont volontaires et proviennent d'une fausse di-

(1) *Médit.*, deuxième série.

rection imprimée à la pensée, mais toujours ils accusent des intelligences indignes de confiance et n'ayant droit à aucune considération.

L'ignorance des choses religieuses est de nos jours une des grandes causes de l'incrédulité. Jamais l'étude de la religion n'eût été plus nécessaire et jamais peut-être elle n'a été aussi négligée. En effet, la religion n'est pas seulement une science, mais la première des sciences, celle qui touche à toutes les autres, celle dont l'objet est le plus élevé et le plus vaste, puisqu'il est l'infini envisagé en lui-même et dans ses rapports avec tous les êtres créés.

Les esprits cultivés devraient donc faire marcher l'étude de la religion parallèlement avec l'étude des sciences profanes, s'ils veulent saisir les rapports des sciences dont ils s'occupent avec la science la plus élevée et la plus étendue, la science religieuse ; sinon, ils ne remonteront jamais à la cause première et dernière de tout ce qui existe, et le lien qui unit toutes les sciences leur échappera. Aussi a-t-on vu dans tous les siècles les âmes d'élite, les intelligences les plus distinguées consacrer leurs loisirs à l'examen des grands problèmes de la théologie.

Mais, me dira-t-on, la religion n'est pas seulement une science, elle est avant tout une vertu divine, une communication gratuite et surnaturelle de Dieu aux âmes. C'est cette vertu qui donne l'impulsion aux intelligences et les porte à adhérer aux vérités religieuses. Si j'ai le bonheur de posséder ce don, il me suffit : je suis religieux. Pourquoi dès lors me livrer à l'étude des questions théologiques, sinon pour satisfaire une vaine curiosité? L'étude de la religion n'est donc pas nécessaire.

Cette objection pourrait séduire les esprits distraits et superficiels, mais elle disparaît aux regards des esprits attentifs. La religion est science et foi. En tant que science, on ne la possède qu'en l'étudiant; en tant que foi, si elle demande un examen moins approfondi, elle demande néanmoins un examen sérieux. La foi actuelle est, en effet, un acte d'intelligence; c'est, dans sa signification la plus étendue, l'adhésion donnée à une vérité sur la parole d'autrui. Celui qui veut faire un acte de foi religieuse doit donc savoir à qui il croit, pourquoi il croit et donne son assentiment à la parole divine; il doit, je ne dis pas comprendre parfaitement ce qu'il croit, car la foi étant un acte méritoire exclut les splendeurs de l'évidence; mais il doit avoir au moins une notion distincte, une connaissance élémentaire des vérités auxquelles il adhère; sinon il n'aurait pas même l'idée de ce qu'il croit, il ne ferait pas un acte raisonnable.

Tout homme religieux est obligé de se rendre compte de sa croyance dans une mesure proportionnée au développement de son intelligence; autrement il ne fait pas d'acte de foi et il tombe dans le scepticisme. Plus une intelligence est développée, plus elle s'est accoutumée, par l'étude des sciences profanes, à contrôler ses connaissances et à n'admettre comme vrai que ce qui lui est démontré raisonnable et établi sur des preuves péremptoires, plus aussi elle a le devoir, si elle veut conserver le don de la foi, de se rendre compte de ses croyances religieuses, plus elle est obligée de faire de la religion une étude suivie, sinon elle sera par sa faute victime de l'incrédulité.

Or, dans ce siècle où l'on rend à la science un culte inconnu dans les âges précédents, où l'on cherche à propager l'instruction et à éclairer toutes les intelligences, on ne semble pas comprendre l'importance de la science religieuse ; elle n'occupe pas le rang qui lui appartient ; elle n'est pas cultivée à l'égal des autres sciences.

Il n'est personne, sans doute, qui, dans son enfance, n'ait appris de mémoire les éléments de la doctrine religieuse ; mais, si l'on en connaît la lettre on n'en connaît pas l'esprit ; on n'a retenu que des formules. Arrivés à cet âge où l'on sent le besoin de se rendre compte des connaissances acquises, d'en saisir l'enchaînement, beaucoup ne veulent pas revenir sur les questions religieuses dont l'étude leur a été imposée. Sous l'influence secrète des passions mauvaises, ils redoutent la lumière, ils craignent d'éclairer leur conscience et ils préfèrent considérer comme puérils et peu dignes d'esprits sérieux ces grands problèmes religieux sur lesquels ont médité, toute leur vie, les génies les plus illustres de l'antiquité et des temps modernes.

Ceux qui sont appelés à faire un cours complet d'études littéraires et scientifiques devraient, ce semble, chercher à connaître la science sacrée. Il existe, il est vrai, dans les collèges, un cours d'instruction religieuse ; mais il est loin de produire les résultats que l'on aurait le droit d'attendre. Diverses causes en paralysent l'action. Quelquefois, avouons-le, la religion n'y est pas présentée aux jeunes étudiants sous sa forme scientifique et avec ce lien logique que recherchent les esprits formés aux déductions mathématiques. Ne voyant pas l'ensemble des vérités religieuses, ne saisissant pas comment elles s'enchaînent et reposent sur des preuves inattaquables, ils ne les considèrent que comme des spéculations oiseuses, des produits incohérents d'imaginations rêveuses et mystiques ; elles n'ont pas à leurs yeux ce caractère scientifique qui aurait pu attirer leur attention et conquérir leur estime. Mais ce qui rend difficile, presque impossible la tâche de celui qui est chargé d'enseigner les questions religieuses, c'est qu'elles ne sont ni inscrites dans les programmes officiels de l'enseignement public, ni exigées dans les divers examens que les jeunes gens doivent subir. Dès lors, ils se disent : pourquoi ces études vagues et inutiles ? A quoi nous serviraient-elles, à nous qui voulons entrer dans des carrières où l'on ne s'occupe que de ce qui est positif et pratique ? Tel est le langage que souvent nous avons entendu.

Si, de nos jours, on formait les intelligences à de fortes études philosophiques ; si, comme au moyen âge et au dix-septième siècle, après avoir étudié sérieusement la logique, avoir appris l'art de discerner le vrai du faux, la preuve du sophisme, on se livrait à l'étude de la métaphysique et de la morale naturelle, les jeunes gens comprendraient l'importance des études religieuses ; ils verraient qu'elles sont la base, le centre et le couronnement de toutes les autres études ; ils leur accorderaient la considération qu'elles méritent et s'y livreraient avec goût.

Il nous serait peut-être encore donné de contempler ce beau spectacle que le siècle de Louis XIV offrit au monde, lorsqu'un homme de guerre, le grand Condé, parut avec éclat parmi les examinateurs qui interrogèrent Bossuet, avant de lui conférer le titre de docteur en théologie. — Aujourd'hui, dans beaucoup d'établissements, on n'enseigne qu'une philosophie superficielle, incomplète et même trop souvent une philosophie rationaliste. Au lieu d'exposer et de démontrer les vérités qui font l'objet de cette science, il est des professeurs qui espèrent se distinguer et se faire un nom en affirmant avec assurance que la philosophie est toujours à la recherche de la vérité, qu'elle ignore encore presque tout ce qui est de son domaine. Il semblerait, à les entendre, que jusqu'alors l'esprit humain n'a rien compris des grandes questions de Dieu, du monde, de l'homme et de ses destinées. Ils ébranlent ainsi ce qui reste encore de convictions religieuses dans de jeunes âmes et ils les font descendre graduellement dans le gouffre du scepticisme. C'est ce qu'éprouva Lacordaire, au terme de ses études, ainsi qu'il le rapporte dans ses mémoires. « Je sortis du collège » nous dit-il (1), « à l'âge de dix-sept ans, avec une religion détruite et des mœurs menacées. Ce résultat s'explique facilement : un cours de philosophie pauvre, sans étendue et sans profondeur, termina le cours de nos études classiques. Rien n'avait soutenu notre foi dans une éducation où la parole divine ne rendait parmi nous qu'un son obscur, sans suite et sans

____

(1) Fragment de ses mémoires inédits.

éloquence, tandis que nous vivions tous les jours avec les chefs-d'œuvre et les exemples d'héroïsme de l'antiquité. »

Lorsque les jeunes gens, sortis des écoles, sont devenus des hommes et occupent les hautes positions sociales, ils sont étonnés de se trouver souvent en face de questions religieuses. S'ils avaient fait sur ces matières des études approfondies, ils sauraient que la religion est au fond de tous les problèmes scientifiques; qu'elle est mêlée à tous les événements sociaux et politiques. Peut-être croyez-vous que ces jeunes gens, ignorant la science religieuse ou ne la connaissant que par les objections qui ont été soulevées contre elle, vont s'abstenir de la juger et user de cette sage réserve dont font preuve les hommes bien élevés, lorsqu'ils sont appelés à se prononcer sur une question qu'ils ne connaissent pas. — Vous vous trompez et vous méconnaissez ce qu'il y a d'antipathie pour Dieu au fond de tout cœur irréligieux. — Si vous voulez prêter attention, vous serez stupéfait d'entendre le ton tranchant, décisif et sans appel, avec lequel ces hommes se prononcent sur des matières qu'ils n'ont pas étudiées. Ils vous rappellent involontairement ceux dont parle Pascal, au titre XIX de ses *Pensées*, « qui ont quelque teinture de science, font les entendus, troublent le monde et jugent de tout plus mal que tous les autres. » Ils justifient la vérité de cette parole : « Ce que l'on doit redouter, ce n'est pas la science des adversaires de la religion, mais celle qu'ils n'ont pas ou qu'ils croient avoir. »

Cependant, il faut le reconnaître, on rencontre

encore de nos jours parmi les hommes du monde des intelligences élevées, des esprits supérieurs qui aiment à étudier les choses religieuses et à s'y arrêter dans leurs écrits. Ils ont examiné sérieusement les questions qu'ils exposent; mais il en est qui l'ont fait sans méthode, sans procéder du connu à l'inconnu. Ils n'ont sur la science religieuse aucune vue d'ensemble. En les lisant, vous reconnaissez à l'instant qu'ils ont entassé dans leur esprit des matériaux informes, sans unité, sans rien de ce qui peut constituer un véritable édifice doctrinal. Aussi, qu'ils aient touché aux choses religieuses, soit à propos d'histoire (1), soit à propos de littérature ou de philosophie (2), vous avez la douleur de constater que leurs écrits sur la religion ne portent l'empreinte que du demi-savoir et renferment de nombreuses inexactitudes et même des erreurs notables.

Un retour sérieux à de saines et fortes études philosophiques et religieuses est nécessaire en France, si nous voulons nous prémunir contre le sophisme qui nous envahit, conserver ce bon sens exquis dont notre langue a toujours été l'expression et redevenir cette grande nation que les peuples ont été contraints d'admirer dans sa parole comme dans ses actes.

Puissent beaucoup d'hommes égarés et encore igno-

____

(1) Guizot, *Histoire de la civilisation en Europe*; les Thierry; M. Ampère; Henri Martin; Thiers.

(2) Rémusat, *Revue des Deux-Mondes*, passim. — Voir *Défense de l'Eglise contre les erreurs historiques*, par l'abbé Gorini.

rants des choses religieuses suivre la marche qui leur a été tracée par un grand esprit, Maine de Biran, et ils arriveront à faire un jour, à son exemple, ce courageux et consolant aveu : « Aujourd'hui je ne trouve de science vraie que là où je ne voyais autrefois que des rêves ou des chimères. La religion seule résout les problèmes que la philosophie pose (3). »

L'irréflexion est une autre cause qui produit et développe dans le monde l'esprit d'irréligion.

La religion est un commerce direct et efficace de l'âme avec son Créateur. Vivre de la vie religieuse, c'est entretenir des relations intimes avec Dieu, lui communiquer ses pensées, ses sentiments, lui parler, comme un ami parle à son ami; c'est recevoir les confidences célestes, contempler les perfections divines à la lumière supérieure de la grâce, sentir dans sa volonté des attraits ineffables pour la vertu; c'est reconnaître, par son expérience personnelle, la vérité de cette parole évangélique : « Le royaume de Dieu est au dedans de vous. » Celui qui sort de lui-même, pour étudier les œuvres de la création, y entrevoit sans doute quelque reflet des splendeurs divines; mais ce n'est là qu'une vue indirecte et voilée de la Divinité. Pour connaître Dieu, le goûter, l'apprécier, il faut rompre avec le monde visible et se retirer dans le sanctuaire de son âme. Aussi, l'histoire nous l'atteste, les vrais amis de Dieu, les saints, se sont constamment exercés à la vie intérieure, par la contemplation des perfections divines.

(3) *Journal intime,* 26 mai 1848.

Là était toute leur vie, cette vie que le monde ne comprend pas.

Or, si l'on n'est religieux qu'en raison des relations que l'on entretient avec Dieu dans l'intérieur de son âme, où en sont sur ce grave sujet les hommes de notre temps ? A part les personnes consacrées par état au service de Dieu, combien s'occupent de lui, se donnent quelques instants de recueillement religieux ? Vous ne voyez que des hommes livrés au commerce, à l'industrie, à la politique, au plaisir. Une passion les domine : c'est le besoin de se fuir eux-mêmes, de sortir constamment hors d'eux-mêmes. Si, couchés sur un lit de souffrances, ils sont contraints de rompre avec les agitations extérieures, de se trouver seuls en face de leur conscience, ils sont saisis d'un profond ennui. Rien ne les effraie comme de descendre dans le sanctuaire de leur âme. Ils vérifient cette parole de l'Esprit-Saint : « Toute la terre est désolée, parce qu'il n'est pas un homme qui rentre en son cœur (1). »

Aussi, cette habitude générale de ne pas réfléchir sur les choses religieuses a engendré dans le monde un scepticisme monstrueux à l'égard des grands problèmes de nos destinées. Il règne sur ces questions décisives je ne sais quel vague dans les idées, quelle défaillance dans les volontés, qui vous épouvante. Il semble que le génie de Pascal avait entrevu cette grande plaie des temps actuels, l'indifférence religieuse, lorsque, au livre de ses *Pensées*, il décrit ce qu'il y a de déraisonnable, de stupide, à ne vouloir pas

(1) Jérémie, XII, 2.

s'occuper de ce qui peut exister au delà du tombeau. Il nous suffira d'extraire de ces pages éloquentes ces quelques paroles : « Comme je ne sais d'où je viens, dit l'indifférent, aussi ne sais-je où je vais; je sais seulement qu'en sortant de ce monde je tombe pour jamais ou dans le néant ou dans les mains d'un Dieu irrité, sans savoir à laquelle de ces deux conditions je dois être éternellement en partage. Voilà mon état plein de misère, de faiblesse, d'obscurité. Et de tout cela je conclus que je dois donc passer tous les jours de ma vie sans songer à ce qui me doit arriver, et que je n'ai qu'à suivre mes inclinations, sans réflexion et sans inquiétude, en faisant tout ce qu'il faut pour tomber dans le malheur éternel, au cas que ce qu'on en dit soit véritable. Peut-être que je pourrais trouver quelque éclaircissement dans mes doutes; mais je n'en veux pas prendre la peine, ni faire un pas pour le chercher ; et, en traitant avec mépris ceux qui se travaillent de ce soin, je veux aller sans prévoyance et sans crainte tenter un si grand événement et me laisser mollement conduire à la mort, dans l'incertitude de l'éternité de ma condition future.

« En vérité, il est glorieux à la religion d'avoir pour ennemis des hommes si déraisonnables ; et leur opposition lui est si peu dangereuse, qu'elle sert au contraire à l'établissement des principales vérités qu'elle nous enseigne. »

La fausseté du jugement est une source féconde de préventions contre la religion et un principe d'incrédulité. Les esprits faux sont à la connaissance de la vérité ce que sont les yeux louches à la perception des objets extérieurs : ils voient tout de travers. Il y a des hommes qui ont le jugement naturellement faux, les uns par défaut de cœur, les autres par excès d'imagination ; d'autres l'ont faussé par la science exclusive.

Si l'amour déréglé produit l'aveuglement de l'esprit, l'amour bien ordonné ajoute aux lumières de l'intelligence des clartés nouvelles, surtout dans les choses religieuses. Il est de ces esprits froids, raisonneurs, inaccessibles aux sentiments élevés, qui considèrent la vérité religieuse comme si elle était purement abstraite, comme si elle n'avait avec nous d'autres relations que celles d'un théorème de géométrie. Ne saisissant rien par le cœur, ils ne peuvent percevoir qu'à moitié ce qu'il y a de vrai dans la religion : car, si elle est une lumière qui éclaire notre esprit, elle est aussi un feu qui dilate notre âme. En effet, nos rapports avec Dieu, qui est substantiellement toute vérité religieuse, sont personnels et libres, ce sont des rapports d'intelligence et de volonté. Si nous ne pouvons aimer Dieu sans le connaître, dès que nous le connaissons réellement, nous l'aimons ; et nous sentons qu'il désire pénétrer toujours plus avant dans notre âme ; qu'il est à la porte et frappe, afin de pouvoir entrer. Lorsque, cédant à ses sollicitations, nous lui ouvrons notre cœur, il se donne à nous plus parfaitement, il inonde notre intelligence de lumières supérieures et échauffe notre cœur du feu de l'amour le plus pur. C'est alors que nous comprenons la vérité de cette parole évangélique : « Celui qui n'aime pas, ne connaît pas

Dieu (1). » Ainsi nous connaissons Dieu à proportion que nous l'aimons, et nous l'aimons à proportion que nous le connaissons.

C'est ce qu'expose Bossuet, dans ses *Méditations sur l'Evangile* (2) : « On n'aime pas ce que l'on ignore. Mais, quand on aime ce qu'on a commencé à connaître un peu, l'amour fait qu'on le connaît plus parfaitement Il ne faut point regarder ces deux opérations de l'âme, connaître et aimer, comme séparées et indépendantes l'une de l'autre, mais comme s'excitant et se perfectionnant l'une l'autre. Nous connaissons Dieu véritablement, quand nous l'aimons. Une connaissance spéculative et purement curieuse n'est pas celle dont Jésus-Christ dit qu'en elle consiste la vie. Les démons connaissent Dieu de cette sorte et leur connaissance fait leur orgueil et leur damnation. — Connaissons donc et aimons : c'est ce que demande Jésus-Christ. »

Dans les choses religieuses, le défaut de cœur est donc une diminution de jugement ; il rend les hommes incomplets et les mène à l'incrédulité.

Si le défaut de cœur nuit à la foi, l'excès d'imagination est souvent un obstacle aux croyances religieuses.

L'imagination joue un rôle important dans les œuvres de l'esprit humain. C'est elle qui, donnant des ailes à l'intelligence et l'élevant dans les plus hautes régions, concourt à faire les artistes, les orateurs, les poètes et tous les hommes supérieurs. — Mais elle

(1) Saint Jean, *Epît. I*, chap. iv, 8.
(2) *Médit. sur l'Evang.*, 37ᵉ jour.

ne produit de résultats heureux qu'en tant qu'elle est réglée par un jugement droit; sinon, c'est un coursier fougueux qui ne se distingue que par ses extravagances. C'est donc avec raison qu'on a défini le génie: « Un grand bon sens servi par une imagination puissante. »

Dès que l'imagination est une faculté sensible, elle est impressionnable, capricieuse et toujours à la recherche de ce qui se présente sous l'aspect de la nouveauté. Aussi, que constatez-vous chez ceux qu'elle domine? Un amour passionné du nouveau ; rien ne leur plaît que ce qui revêt ce caractère. Ils préfèrent ce qui leur paraît original à ce qui est juste et vrai. Or, si la vérité religieuse est féconde en aperçus nouveaux, si elle se présente aux esprits supérieurs et attentifs comme essentiellement progressive, néanmoins elle ne change pas ; elle s'offre avant tout sous la forme d'un dogme rigide et immuable. De là vient que des artistes, des poètes, des écrivains, fascinés par cette passion de la nouveauté, préfèrent aux dogmes éternels des opinions récentes et se constituent ces adversaires de la religion que saint Paul désigne sous le nom de *Novateurs*.

D'ailleurs, ceux qui se livrent aux œuvres d'imagination, s'étant accoutumés à créer des fictions, à jouer avec le faux, ont une tendance à l'indifférence pour la vérité, surtout la vérité religieuse ; souvent ils finissent par ne plus s'inquiéter du vrai absolu, pourvu qu'ils réalisent le vrai de la couleur. C'est ce que confirme une triste expérience. Que de génies littéraires et artistiques apparaissaient, au commencement de ce siècle, comme devant être d'illustres apologistes de la vérité catholique, et ont fini par n'être que les apôtres de l'athéisme et d'un grossier matérialisme.

Ce qui, de nos jours, contribue le plus à fausser la rectitude du jugement et à rendre irréligieux, c'est la science exclusive.

Il est des hommes dans tous les siècles qui consacrent leur vie à une branche particulière des connaissances humaines et la font progresser : ce sont les spécialistes, les vrais savants. Mais n'oublions pas que la science spéciale présuppose de fortes études classiques, surtout une étude approfondie de la philosophie. C'est la philosophie, en effet, qui prépare l'intelligence à l'étude des sciences, en apprenant l'art de raisonner, en traçant la voie qu'il faut suivre pour arriver à la vérité, en déterminant les divers genres de preuves propres à chaque ordre de connaissance, en analysant les idées générales communes à toutes les sciences. Aussi, dans les grands siècles qui ont produit saint Thomas d'Aquin, Descartes, Malebranche, Clarke, Leibnitz, Kepler, dans ces siècles où les sciences fortement organisées se prêtaient un mutuel appui, on se préparait aux sciences naturelles et surnaturelles par une étude sérieuse des ouvrages classiques, des ouvrages historiques et surtout des écrits des grands métaphysiciens. Lagrange, interrogé par les parents du savant Cauchy qui lui demandaient des conseils pour la direction du génie naissant de leur fils, répondit : « Ne lui laissez pas ouvrir un livre de mathématique avant qu'il ait complété ses humanités. »

En ces temps où tout est sacrifié à l'utile, à ce qui

produit un bénéfice immédiat, on a hâte de se donner
à l'étude de la matière. On aime à se persuader que
la métaphysique, la psychologie, la religion ne sont
que des chimères, de vagues abstractions auxquelles
un esprit sérieux ne doit pas s'arrêter. Dès lors, nos
modernes savants, se livrant aux sciences naturelles, sans avoir fait les études préalables qui agran-
diraient leur horizon et les rendraient capables de
saisir la vérité sous tous ses aspects, sont disposés
par les travaux dont ils s'occupent à n'admettre d'autres preuves que celles qui leur sont familières, à
n'accepter d'autres réalités que les réalités palpables.
Les mathématiciens sont enclins à rejeter les vérités religieuses, parce qu'elles ne se présentent pas
à eux sous la forme d'un théorème de géométrie ;
les naturalistes, les médecins, subjugués par les sens,
ne vivent que dans le monde physique : le monde
intellectuel, moral et religieux, est nul pour eux. Ils
osent définir l'âme humaine : « L'ensemble des fonc-
tions du cerveau et de la moelle épinière. » L'un
d'eux a dit : « J'ai cherché Dieu dans toute la création
et je ne l'ai pas trouvé. » L'ayant cherché avec la
sonde ou le compas, comment l'aurait-il trouvé ?

En descendant cette pente rapide des négations,
ne voulant plus reconnaître comme vrai que ce qui
est de l'ordre matériel, les corps et leurs propriétés,
on en est venu à faire la plus étrange systématisa-
tion d'erreurs que l'on ait jamais vue ; on a réuni le
panthéisme, l'athéisme et le matérialisme en une
vaste synthèse que l'on décore fastueusement du nom
de positivisme (1). Les auteurs de ce système pré-

____

(1) Auguste Comte, *Catéchisme positiviste*, etc.

tendent avoir organisé les sciences et leur avoir donné leur unité définitive. N'acceptant d'autre moyen d'arriver à la connaissance du vrai que l'expérience des sens, ils affirment ne jamais admettre comme certains que les faits sensibles. Tout ce qui est du domaine de la conscience, de l'intelligence, du témoignage, est considéré comme hypothèse gratuite. Ainsi, la religion et toutes les sciences confirmatives de la religion, la métaphysique, la psychologie, la morale, sont déclarées hors la science. La science, toute la science, c'est la mathématique et l'astronomie ; la physique et la chimie ; la biologie, ou la science des êtres vivants, et la sociologie, ou la science de l'homme social. Tout ce que l'on peut savoir est renfermé dans ce cercle inflexible : ainsi l'ont décrété les positivistes.

Il serait facile de démontrer, comme l'a fait un grand orateur (1), que cette théorie est un ensemble de contradictions manifestes, qu'en prétendant arborer le drapeau de la science, elle n'accumule que des négations ; mais il nous suffit, pour ruiner ce système par la base, et mettre au jour ce qu'il renferme de faux et d'exclusif, il nous suffit de rappeler à ces fiers mathématiciens, à ces révélateurs de la science, ainsi qu'ils s'intitulent, ce qu'un des grands géomètres du siècle dernier, le savant Euler, disait de nos divers moyens d'arriver à la connaissance de toutes les vérités ; et il n'était que l'écho des philosophes de bon sens. Ecoutons cette parole lumineuse,

____

(1) R. P. Félix.

réfutant, à l'avance, ce qu'il y a d'étroit, d'hypothétique et de faux dans la science exclusive.

Il y a trois classes de vérités qui sont à la portée de notre connaissance. La première renferme les vérités sensibles et de conscience, les faits externes et les faits internes ; la seconde, les vérités de l'entendement, ce que notre intelligence perçoit immédiatement et ce qu'elle déduit par le raisonnement ; la troisième, les vérités de la foi, celles qui nous viennent du témoignage des hommes et du témoignage de Dieu. « Il faut », dit Euler, « pour les vérités de chacune de ces trois classes, se contenter des preuves qui conviennent à leur nature ; il serait ridicule de vouloir exiger une démonstration géométrique des vérités d'expérience ou historiques. C'est ordinairement le défaut des esprits forts et de ceux qui abusent de leur pénétration dans les vérités intellectuelles, de prétendre des démonstrations géométriques pour prouver toutes les vérités de la religion, qui appartiennent en grande partie à la troisième classe (1). »

II.

DES INFIRMITÉS MORALES.

Si l'irréligion n'est souvent pas éclairée, plus souvent encore elle n'est pas désintéressée. On a dit que l'incrédulité a toujours pour cause quelque passion

(1) *Lettre à une princesse d'Allemagne.*

mauvaise. Je crois cette proposition exagérée ; car l'ignorance, la légèreté d'esprit, le défaut de jugement, expliquent quelquefois cette dérogation aux lois de l'ordre moral, que nous appelons l'irréligion. Mais cependant, dans la plupart des circonstances, on ne doute de la religion, on ne la rejette que parce qu'elle prescrit quelque sacrifice d'orgueil, de sensualité, d'intérêt. Les vérités chrétiennes, en effet, ne sont pas seulement des questions de l'esprit, mais elles sont aussi et surtout des questions du cœur : il y a une liaison intime entre l'ordre métaphysique et l'ordre moral. La volonté, étant la force motrice qui donne l'impulsion à tous nos actes libres, est souvent portée à diriger notre intelligence vers ce qui flatte nos penchants et à l'éloigner de ces vérités supérieures qui nous condamneraient, en nous éclairant. « La volonté est un des principaux organes de la croyance, non qu'elle forme la croyance, mais parce que les choses paraissent vraies ou fausses, selon la face par où on les regarde. La volonté qui se plaît à l'une plus qu'à l'autre, détourne l'esprit de considérer les qualités de celle qu'elle n'aime pas ; et ainsi l'esprit, marchant d'une pièce avec la volonté, s'arrête à regarder la face qu'elle aime ; et, en jugeant parce qu'il y voit, il règle insensiblement sa croyance suivant l'inclination de la volonté (1). »

D'ailleurs, si la religion n'était qu'une science, si elle n'était pas une vertu qui nous prescrit de grands devoirs, nous pourrions rencontrer des ignorants

______

(1) Pascal.

des esprits légers ne s'occupant pas de la religion ;
mais pourquoi verrions-nous plus d'incrédules des
vérités religieuses que des vérités mathématiques ?
Pourquoi rencontrerions-nous des hommes qui s'entendent sur toutes les sciences auxquelles ils se
livrent, sauf sur la science religieuse ? Oui, l'irréligion a sa source principale dans un cœur gâté, dans
une volonté faible et incapable de sacrifice. Aussi,
jamais vous n'avez connu d'homme cessant d'être
religieux pour devenir meilleur ; et vous en avez
connu beaucoup qui ont abandonné la pratique de
la religion, parce qu'ils n'avaient pas le courage
d'être humbles, chastes, désintéressés. Si donc
Rousseau a pu dire : « Tenez-vous en état de désirer
toujours qu'il y ait un Dieu et vous n'en douterez
jamais », nous pouvons dire aussi : Tenez-vous en état
de désirer toujours qu'il y ait une religion divine,
vous n'en douterez jamais et vous vous efforcerez
toujours d'en accomplir les devoirs.

Lorsque l'homme rompt toute communication avec
Dieu, qui seul pourrait satisfaire l'immense besoin
de bonheur dont il est tourmenté, il ne peut porter
ses regards que sur lui-même, sur les qualités de
son esprit et de son cœur, sur ce qui l'entoure, sur
les jouissances sensuelles, sur les biens de la fortune. Considérons donc comment les trois grandes
passions du cœur humain, l'orgueil, la volupté, la
cupidité, éloignent l'homme de Dieu et souvent le
mènent au scepticisme.

L'orgueil, passion des pures intelligences, est irréligieux de sa nature, parce qu'il ravit à Dieu la
gloire qui lui appartient. Il est d'autant plus redou-

table qu'il semble nous exalter, en portant nos aspirations au-dessus des plaisirs abjects. L'esclave de ce funeste penchant ne va pas chercher en Dieu, leur source véritable, les biens spirituels qui le perfectionneraient et le rendraient heureux ; ne voyant rien dans ce qui l'environne de plus parfait que lui-même, il s'aime sans mesure, rapporte tout à lui et se fait Dieu. Dès lors il se croit la seule supériorité vers laquelle tout doit converger. Que ne tente-t-il pas pour conserver et agrandir, dans son imagination et dans celle des autres, la haute idée qu'il a de lui-même ? La science et les lettres, les vertus morales, les hautes positions sociales et les biens de la fortune, tout lui sert de pâture, tout lui devient un piédestal pour s'élever au-dessus de ses semblables.

L'orgueil revêt ainsi des formes diverses, selon la diversité des biens dont il se glorifie. Etudions quelques-uns des types qu'il nous présente.

L'orgueil de la science. C'est l'infatuation d'un esprit enivré de lui-même ; il s'admire dans ses pensées, dans ses écrits. Il veut traiter avec Dieu d'égal à égal. S'il descend dans les entrailles de la terre, c'est pour y découvrir quelque fait opposé au récit biblique ; s'il s'élève dans les astres, c'est pour tenter de prouver que le monde est éternel et à pu se passer d'une cause première. Il se réjouit à chaque découverte des sciences modernes, s'imaginant que Dieu va être convaincu de mensonge. Méconnaissant la dépendance de tout être créé, il proclame l'indépendance absolue de la pensée humaine, ne voulant pas qu'elle soit soumise à une règle, ni qu'elle reconnaisse des limites. Il n'a que de suprêmes dédains pour les croyances populaires et pour l'autorité doctrinale qui les dirige ; ce qu'il recherche, ce n'est pas la vérité, il veut avant tout faire parler de lui. « Il sait bien que son système n'est pas mieux fondé que les autres ; mais il le soutient, parce qu'il est à lui. Il est de ceux qui, venant à connaître le vrai et le faux, préféreraient le mensonge qu'ils ont trouvé à la vérité découverte par d'autres (1). »

Entre le savant et le littérateur dominés par l'orgueil, il existe un lien étroit de parenté. « L'orgueilleux qui fait un livre, quels que soient ses écarts littéraires, est convaincu de la supériorité de son style ; il lui semble qu'il est écrit comme nul homme avant lui n'a jamais écrit ; ses défauts son des beautés qui l'enivrent d'autant plus qu'ils contrastent davantage avec la langue que parle autour de lui le vulgaire des humains. Comme aux jours de décadence littéraire, sa pensée s'affuble, pour mieux paraître, d'ajustements superflus. Ne pouvant saisir par les idées, il étonne par les mots ; il fait entre eux des chocs inattendus, afin qu'on en entende le bruit (2). »

L'orgueil de la vertu. C'est la passion de l'homme qui, par tempérament, a horreur des vices grossiers ou qui, après avoir connu par expérience ce qu'il y a d'avilissant dans les plaisirs sensuels, est revenu à une vie honnête et réglée. Se comparant à tant d'autres qui se dégradent, il ressent pour lui-même la plus haute estime ; il admire ses propres vertus,

(1) Rousseau, *Émile*, t. III.
(2) R. P. Félix.

sa commisération pour les malheureux. Se rappelant qu'il y a un Dieu, il serait religieux, si d'autres ne l'étaient pas ; mais ce qu'il désire avant tout, c'est se singulariser. Il est fier de présenter au monde le rare spectacle d'un homme vertueux sans religion. Quelquefois, dans un mouvement de sincérité, il s'avoue que ses vertus mensongères ne sont que le résultat d'une vaine ostentation ; la pensée d'un Dieu jaloux de sa gloire vient le troubler dans son sommeil ; mais il se hâte d'éloigner ces craintes importunes. Comment, se dit-il, devenir religieux ? Comment rompre l'unité de ma vie et avouer au monde que j'ai voulu le tromper ? D'ailleurs, s'il est un juge suprême, pourquoi me punirait-il ? Ne suis-je pas meilleur que beaucoup d'autres ? Et, drapé dans son orgueil, il ose entrer ainsi dans l'éternité, en présence du Dieu puissant qui a tout fait pour lui-même et veut que tout lui soit rapporté.

Le vice humble et repentant obtient plutôt miséricorde que cette vertu superbe. Il est écrit que les femmes perdues précéderont les orgueilleux pharisiens dans le royaume des cieux. (Saint Matth. XXI, 31.)

L'orgueil de la prospérité. C'est l'orgueil de l'égoïste qui toujours a eu des succès faciles et n'a pas connu la souffrance. Dédaigneux envers les autres, il peut se suffire à lui-même. Qu'a-t-il besoin de cet homme, de cette famille ? Que lui importe leur amitié ou leur haine ? S'il était né et avait vécu dans la peine, vous le verriez obséquieux, souple envers tous ; mais, infatué de sa fortune, il se plaît à se montrer dur, difficile, et à se faire craindre de ses inférieurs. Ce ne sont pas seulement ses semblables, c'est Dieu aussi qu'il méconnaît et méprise. Content de ce monde, pourquoi penserait-il à Dieu et s'occuperait-il d'une autre vie? Accoutumé au bien-être, il ne veut pas se contraindre il ne reconnaît d'autre loi que son caprice. La reconnaissance envers le Créateur ne peut pas être un devoir pour lui : s'il a eu du succès, s'il a agrandi sa fortune, il ne le doit qu'à lui-même.

Il eût mieux valu pour cet homme qu'il ne possédât qu'une honnête médiocrité ; il eût été moins égoïste, moins dur envers ses semblables, plus soumis à Dieu et à ses lois.

L'orgueil du ressentiment et des déceptions. C'est, d'abord l'orgueil des cœurs remplis de fiel contre Dieu, qu'ils accusent de leur avoir ravi une personne chérie, ou de n'avoir pas empêché leurs revers de fortune. Ils refusent de le servir et contestent même son existence. S'ils s'étaient humiliés sous la main paternelle qui les éprouvait, ils se seraient sentis devenir plus modestes, plus religieux ; mais le malheur a le singulier privilège de rendre plus mauvais ceux qu'il ne rend pas meilleurs.

C'est aussi l'orgueil de ces déclassés que vous rencontrez partout, peu satisfaits de Dieu, de leurs semblables, de la société. De nos jours, sous l'influence des principes d'une fausse égalité, sous l'impulsion d'un bien-être matériel toujours croissant, le souffle de l'ambition s'est fait sentir jusque dans nos paisibles campagnes. Petits propriétaires, petits commerçants, ouvriers, beaucoup rêvent pour leurs enfants le plus brillant avenir et prennent tous les moyens de les faire sortir de l'heureuse et modeste position qu'ils occupent eux-mêmes. De tous ces ambitieux quelques-uns parviennent aux postes où ils aspirent : ce sont de rares privilégiés ; la plupart voient s'évanouir leurs espérances. Dès lors, mécontents du gouvernement divin, ils se déclarent les ennemis de la religion ; mécontents de la société et du gouvernement de leur pays, ils se constituent les partisans de toutes les révolutions, s'enrôlent dans les sociétés ténébreuses et maçonniques où ils conspirent contre l'ordre de choses établi. D'où viennent ces troubles qui nous agitent et nous ont fait craindre une ruine irréparable, sinon des littérateurs et des journalistes affamés, des médecins et des avocats sans clientèle, des déçus et des évincés des diverses carrières ?

Dès que l'orgueil marche partout, tête levée, dans les sociétés modernes, ne nous étonnons pas si l'esprit de famille disparaît, si les peuples deviennent ingouvernables, si Dieu est méconnu ; car le propre de cette passion est d'engendrer la haine et le mépris des supérieurs et de conduire à l'oppression des inférieurs.

La volupté produit des ravages peut-être moins profonds que l'orgueil, mais sûrement plus étendus. Dans son action malfaisante, elle atteint l'homme tout entier. Saisissant toutes les facultés de l'âme, elle s'efforce de les détourner du ciel où elles aspirent, pour les incliner vers la matière où elles ne rencontrent que d'abjectes jouissances, suivies d'un prompt châtiment ; elle va jusqu'à miner sourdement le corps où elle a établi son siège. Par un travail incessant, elle force sa victime à rompre toute communication avec Dieu. Ce sont là les leçons d'une expérience quotidienne.

Dans ce commerce intime et efficace que la religion établit entre la créature et le Créateur, où la vie humaine touche à la vie divine, l'homme dans ce qu'il a de plus noble se transforme et s'élève. L'intelligence, traversant par la pensée tous les mondes créés, s'élance dans l'infini où elle trouve, à sa source, la vérité substantielle qui l'inonde de sa clarté et lui fait connaître ses destinées. Affranchie par l'obéissance de la servitude des penchants mauvais, la volonté, devenue souveraine et libre, s'unit à la volonté divine, et là elle puise sa perfection. Le cœur épris de la beauté suprême, de cette beauté morale dont la vie de l'Homme-Dieu est la plus pure expression, se tourne constamment vers le ciel ; il aime Dieu sans mesure et tout ce qui est un reflet de Dieu, et se dilate dans cet océan de l'amour parfait. L'âme, toujours en face de la vraie grandeur, de la majesté divine, s'élève dans ses goûts, dans ses tendances, et contracte des habitudes de respect pour toute supériorité réelle. Telle est l'efficacité de la religion ; telle est l'heureuse transformation qu'elle produit dans celui qui se soumet avec docilité à son empire.

Mais, lorsqu'un homme se livre aux jouissances sensuelles, quand la volupté, par je ne sais quels sentiers ténébreux, est entrée dans son âme, tout en lui s'altère, se détériore, s'avilit. Il interrompt tout commerce avec Dieu. Plein de dégoût et de haine pour la vérité religieuse, il l'attaque violemment dans ce qui l'importune ; il travaille à obscurcir son intelligence, afin qu'elle ne lui représente plus de dogmes effrayants, surtout la vérité d'une éternité malheureuse. Cette haute raison destinée à vivre dans les régions les plus élevées et les plus lumineuses, qui peut-être aurait produit des œuvres capables d'éclairer l'humanité dans sa marche, est maintenant subjuguée par les sens. Ne recevant de l'imagination que des représentations voluptueuses, elle ne s'occupe que de la matière, de ce qu'il y a de plus bas, de plus dégradant ; et, si elle a conservé quelque activité, ce n'est que pour composer de ces écrits empreints d'un sensualisme corrupteur. Qu'ils sont loin les jours où cette intelligence éclairée du flambeau de la foi, en recevàit une clarté parfaite, écoutait avec docilité l'enseignement de la religion, ne soupçonnant pas même qu'on pût en douter ! L'homme animal, est-il écrit (1), ne peut goûter ni percevoir la vérité qui vient de Dieu, tant il est abruti par les plus vils plaisirs.

Sous le charme trompeur de la volupté, la volonté s'amollit, se détend et devient impuissante à faire le bien. Méconnaissant les lois divines et humaines, elle ne sait plus obéir qu'aux ordres d'un vice ignoble. Combien d'hommes, justement fiers de la souveraineté qu'ils exerçaient sur eux-mêmes, ont vu leurs forces s'éteindre et leur liberté disparaître dans les étreintes d'un plaisir enivrant ? Que de jeunes gens, dont on espérait le plus bel avenir, ne seront jamais des hommes, parce que jamais ils ne sauront vouloir ! Que de soldats se sont endormis

(1) I Corinth., II, 14.

dans les délices de Capoue ! Et combien de familles, où l'on se transmettait de père en fils l'honneur des plus belles vertus, ne présentent plus aujourd'hui que le spectacle d'une race avilie, parce que la volupté a altéré dans sa source un sang autrefois illustre.

Lorsque le cœur a ressenti le souffle impur, il perd sa délicatesse, son épanouissement et ses tendances à tout ce qui est beau, généreux, pour se replier sur lui-même. Au lieu de rechercher les joies pures de la conscience, de l'amitié, de la famille, il ne goûte plus que les jouissances grossières, les plaisirs du corps. Il prend des habitudes d'égoïsme et de dureté. L'histoire atteste que les voluptueux, hommes et peuples, ont tous été cruels. Insensible à tout ce qui l'attendrissait, aux caresses de ses sœurs, aux larmes de sa mère, l'esclave de la volupté est hébété et ne veut plus que jouir. Un écrivain célèbre, qui a eu des instants de lucidité et de bon sens, s'exprime ainsi sur ce sujet : « J'ai toujours vu que les jeunes gens corrompus de bonne heure et livrés à la débauche étaient inhumains et cruels ; la fougue du tempérament les rendait impatients, vindicatifs, furieux. Leur imagination, pleine d'un seul objet, se refusait à tout le reste ; ils ne connaissaient ni pitié, ni miséricorde ; ils auraient sacrifié père et mère et l'univers entier pour satisfaire un seul de leurs désirs. Au contraire, un jeune homme élevé dans une heureuse simplicité est porté, par les premiers mouvements de la nature, vers les passions tendres et affectueuses ; son cœur compatissant s'émeut sur les peines de ses semblables, il tressaille d'aise, quand il revoit son camarade ; ses bras savent trouver des étreintes caressantes, ses yeux verser des larmes d'attendrissement (1). »

L'homme, voluptueux, ayant enchaîné tous les élans de son intelligence, de sa volonté, de son cœur, qui le portaient vers Dieu et les choses élevées, lui donnaient le goût de la vraie grandeur et le sentiment du respect, se livre tout entier aux plaisirs immondes, à ce qui le ravale au-dessous de la brute. Il n'éprouve plus qu'un sentiment, celui du mépris : mépris de lui-même, mépris de ses semblables, mépris de tout ce qui est respectable. Quand on lui parle de Dieu, des prêtres, de la religion, il ne sait plus que ricaner. Asservi par le vice impur, il est impoli, grossier dans ses pensées, dans ses paroles, et dans ses procédés. C'est de lui que l'on peut dire : « O la vile créature que l'homme et abjecte, s'il ne se sent soulever par quelque chose de céleste (2). »

Ainsi, dégoût de la vérité, haine de la vertu, dédain profond des sentiments les plus nobles et les plus tendres du cœur humain, tels sont les funestes résultats de la volupté sur l'âme humaine. Or, Dieu étant tout ce qui est vrai, tout ce qui est bon, tout ce qui est noble et beau, comment dès lors, le voluptueux vivrait-il en rapport avec son Créateur? Comment serait-il religieux? Qu'il se hâte donc de s'affranchir de ses habitudes perverses et bientôt il

(1) Rousseau.
(2) Montaigne.

verra reparaître dans son âme ce qui l'unissait à Dieu : la foi, l'amour de la vertu, le goût de tout ce qui est grand et pur. « J'aurais bientôt quitté les plaisirs, dites-vous, si j'avais la foi. Et moi, je vous dis : Vous auriez bientôt la foi, si vous aviez quitté les plaisirs. Or, c'est à vous à commencer. Si je pouvais, je vous donnerais la foi. Je ne puis le faire, ni, partant, éprouver la vérité de ce que vous dites. Mais vous, vous pouvez bien quitter les plaisirs et éprouver si ce que je dis est vrai (1). »

La cupidité est fille de l'orgueil et de la volupté ; car elle est en même temps un instrument d'ostentation et un aliment des plaisirs.

La passion immodérée de la richesse est sans doute de tous les temps ; mais, à notre époque, elle a pris des développements qu'elle n'avait jamais connus. Quand avait-on vu, comme aujourd'hui, ces spéculations hardies, ces jeux de bourse où les plus habiles s'entendent pour tromper les autres ; ces fortunes rapidement faites qui souvent s'évanouissent aussitôt ; ces faillites préméditées qui enrichissent ceux que l'on plaint à tort comme des victimes du malheur ? L'or agite les multitudes ; il est au fond de tous les rêves, au faîte de tous les honneurs. Cet immense mouvement a produit une tendance exagérée au luxe et au bien-être physique. Sans doute le progrès matériel, contenu dans de justes limites, est un bien et un des éléments du bonheur des familles et des sociétés ; mais il est devenu, de nos jours, le grand obstacle au maintien de la vie

______

(1) Pascal

morale, parce qu'il est excessif : on ne lui assigne plus de mesure. Au lieu d'en faire un moyen d'existence, on le considère comme le but suprême de la vie, comme si l'homme n'était né que pour s'enrichir. Cet amour désordonné de la possession porte une grave atteinte aux convictions religieuses et à tout ce qui les soutient, l'élévation dans les idées et la noblesse des sentiments.

Le commerçant, l'industriel, qui se livre tout entier aux préoccupations matérielles, ne tarde pas à voir s'effacer de son esprit la pensée de Dieu et des vérités religieuses. N'ayant pas besoin, comme l'homme des champs, de la rosée céleste qui féconde la terre, il ne compte que sur lui-même, sur son habileté, sur la puissance de ses calculs, l'activité de ses machines, et il sourit ironiquement, lorsque la religion lui enseigne l'existence d'une Providence qui dirige toutes choses. Il ne veut pas croire cette parole de l'Ecriture : « Les maisons trop riches seront renversées par l'orgueil (1). » D'ailleurs, n'est-il pas intéressé à douter de l'existence d'un gouvernement divin ? Pressé du besoin de posséder et de faire une fortune rapide, il a commis des injustices cachées ; lorsque sa conscience s'est récriée, il en a étouffé la voix, et il a cherché à se persuader que Dieu n'existe pas, que tout ce qui ne tombe pas sous les sens n'est que chimérique, bon pour occuper les femmes et les enfants.

L'ouvrier, à l'exemple du patron, tombe dans le scepticisme. Ne connaissant ni la prière, ni le repos

____

(1) Ecclés., xxi, 5.

du dimanche, n'entendant parler de Dieu que lorsqu'il est blasphémé, comment serait-il religieux ? Aussi, quelle différence entre un peuple agriculteur, pour qui la nature est un temple lui parlant de son Créateur, l'élevant constamment vers le ciel, et ce peuple industriel toujours enfermé dans une usine, courbé sur son travail ! Comme l'un est honnête, droit, économe, moral, religieux, accessible à tout ce qui est grand ! comme l'autre est cupide, trompeur, débauché, irréligieux ! Ne nous étonnons donc pas si les esprits attentifs considèrent le dépeuplement de nos campagnes, l'accroissement des populations ouvrières et industrielles, comme une des grandes plaies sociales, un affaiblissement des forces vitales de la nation et une menace de l'avenir.

Un autre résultat de l'amour désordonné de la richesse, c'est le matérialisme dans les idées, la dépression de l'intelligence et des œuvres qu'elle produit. Placé entre l'infini qu'il regarde d'en bas et le fini qu'il regarde d'en haut, l'homme monte ou descend avec sa pensée : c'est une loi qui s'appuie sur la nature des choses. Lorsqu'il se tourne du côté du ciel, se mettant en rapport avec l'immatériel, l'éternel, l'immuable, il se spiritualise et s'élève par la contemplation des perfections divines. C'est alors qu'apparaissent les grands siècles, les grandes œuvres qui font la gloire de l'humanité. Si, au contraire, il s'enferme dans l'étroit horizon des réalités palpables, tout entier au calcul de l'étendue, à l'analyse des corps, à la découverte de nouvelles combinaisons chimiques, il se dégrade et descend

au niveau de la matière où il s'est concentré. C'est
alors un abaissement universel. C'est l'abaissement
de la science qui, au lieu de s'élever dans les
sphères supérieures de la théologie, de la métaphysique, de la morale, ne s'occupe plus que des corps
et de leurs propriétés ; elle ne connaît plus que des
vérités contingentes, matérielles, qui sont sans harmonie entre elles, sans rapport direct avec la
destinée humaine et sans point de contact avec Dieu.
C'est l'abaissement de la littérature, du journalisme
qui porte l'empreinte d'un sensualisme grossier, se
prostitue et se vend même aux ennemis de la
nation. C'est l'abaissement des arts qui descendent
de l'idéal dans le réel. Ainsi, la prépondérance des
préoccupations matérielles sur les hautes questions
intéressant l'humanité entraîne les peuples comme
les individus à une inévitable décadence.

Mais, si l'homme s'élève ou s'abaisse avec sa
pensée, c'est surtout par le cœur qu'il se fait à
l'image de ce qu'il touche, de ce qu'il recherche. Le
mouvement du cœur est, de sa nature, une impulsion au dehors, tendant à s'assimiler à l'objet aimé.
S'il affectionne ce qui est plus parfait que lui ; s'il
n'a d'aspirations que pour ce qui est grand et généreux ; s'il a le goût de la vertu, de la commisération pour ceux qui souffrent, il s'améliore et se
transforme. Mais, si, poussé par la cupidité, il
s'incline et descend vers ce qui est au-dessous de
lui, vers ce qu'il y a de plus bas, de plus vil, l'or, la
matière, qui comprendra à quelle bassesse sera
entraîné cet homme fait pour contempler le ciel
et posséder l'infini ? Plus il acquiert de richesses,

moins il possède de grandeur morale. Il perd le respect de lui-même et le sentiment de l'honneur ; il préfère les gros revenus à l'estime et à la considération de ses semblables. Sans force pour la vertu et le sacrifice, il n'a d'ardeur que pour accroître sa fortune. Dans les moments de crise sociale, où tout est en danger, la fortune privée comme la fortune publique, lorsqu'il faudrait du courage, de la grandeur d'âme, il ne révèle que lâcheté, que peur et défaillance ; il laisse à d'autres le soin de prendre la défense de ses intérêts. En proie à un égoïsme effréné, il ne s'émeut qu'en présence de l'or ; il ne sait pas compatir aux misères d'autrui ; plus il amasse autour de lui, plus son âme se resserre ; semblable à la matière dont il est l'esclave, il attire tout à lui, opprime et absorbe tout ce qui l'environne, donnant ainsi l'exemple de ces fortunes scandaleuses qui, n'ayant pas voulu souffrir de concurrence, ont suscité contre elles de violents désirs de vengeance. Arrivé au faîte de la fortune, il s'environne de luxe et veut prendre des airs de distinction ; mais c'est en vain : la physionomie et les procédés de ce parvenu trahissent les sentiments vulgaires dont son âme est pénétrée.

Voilà, dans ce siècle où règne la matière, ce que produit ce souffle de cupidité qui a traversé toutes les âmes. En haut, dans les classes riches, il a éteint la lumière de la foi et fait germer partout le scepticisme ; il a abaissé le niveau des intelligences et énervé les caractères ; il a rendu les cœurs durs, égoïstes, sans commisération pour les malheureux. En bas, chez ceux qui ne possèdent pas, il a détruit le respect de l'autorité divine et du droit d'autrui ; il a allumé les convoitises insatiables, semé des jalousies, des haines toujours prêtes, dans les grandes villes, à éclater au premier signal. C'est ainsi que la société est constamment ébranlée et finira par sombrer, si la religion ne reprend son empire dans le cœur des riches et des pauvres. Car, on l'a trop oublié, c'est elle seule qui peut réconcilier ces deux classes si profondément divisées, faire renaître la paix dans les esprits et dans les cœurs et nous rétablir dans une situation normale ; c'est elle seule qui peut résoudre le grand problème social des rapports du riche et du pauvre, du patron et de l'ouvrier. Il n'y a que la religion qui puisse avec autorité rappeler au riche ses devoirs envers les pauvres, et prêcher au pauvre avec efficacité l'amour du travail et la résignation.

Un écrivain socialiste nous expose, dans un tableau saisissant de vérité, les causes des dissensions intestines auxquelles nous assistons aujourd'hui.

« Autrefois », dit-il, en s'adressant aux riches, « il y avait un Dieu dans le ciel, un paradis à gagner, un enfer à craindre. Il y avait aussi sur la terre une société ; car, si j'étais sujet, j'avais au moins le droit du sujet, le droit d'obéir, sans être avili. Mon maître ne me commandait pas sans droit, au nom de son égoïsme ; son pouvoir remontait à Dieu qui permettait l'inégalité sur la terre. Nous avions la même morale, la même religion. Au nom de cette morale et de cette religion, servir était mon lot, commander était le sien. Mais servir, c'était obéir à Dieu et payer de mon dévouement mon protecteur sur la terre. Puis, si j'étais inférieur dans la société laïque, j'étais l'égal de tous dans la société spirituelle qu'on appelait l'Eglise. Et cette Eglise encore n'était que le vestibule et l'image de la véritable Eglise, de l'Eglise céleste, vers laquelle se portaient mes regards et mes espérances. Je supportais pour mériter, je souffrais pour jouir de l'éternel bonheur. J'avais la prière, j'avais les sacrements, j'avais le saint sacrifice, j'avais le repentir et le pardon de mon Dieu. J'ai perdu tout cela. Je n'ai plus de paradis à espérer, il n'y a plus d'Eglise. Vous m'avez appris que le Christ était un imposteur ; je ne sais s'il existe un Dieu, mais je sais que ceux qui font la loi n'y croient guère et font la loi comme s'ils n'y croyaient pas. Donc, je veux ma part de la terre. Vous avez tout réduit à de l'or et à du fumier ; je veux ma part de cet or et de ce fumier (1). »

Concluons avec l'auteur du rapport officiel sur les causes de l'insurrection du 18 mars 1871.

« C'est aux classes riches et lettrées qu'il appartient de rétablir la vérité et l'ordre : elles ont encore l'ascendant nécessaire pour ramener l'opinion.

---

(1) *Œuvres* de Pierre Leroux, t. I, p. 22.

Pierre Leroux, philosophe, économiste et quelque peu théologien, ne peut pas être cité comme un modèle d'orthodoxie ; mais l'ancien collaborateur de MM. de Broglie, Cousin, Guizot, Jouffroy, etc., avait une autre valeur que les écrivains anticléricaux de nos jours. Ajoutons qu'il sut, au milieu de ses erreurs économiques, religieuses et sociales, conserver, dans une assez large mesure, cet esprit de justice qui fait les hommes supérieurs. Si Pierre Leroux écrivait sous l'influence des événements dont nous sommes les témoins, il accentuerait encore ses arguments.

(N. des E.)

L'exemple de l'incrédulité est venu d'en haut ; il faut que d'en haut aussi vienne l'exemple d'un retour à des idées saines et vraies ; là est le remède social. Les politiques et les habiles auront beau chercher, ils n'en trouveront pas d'autre.

« La diffusion de l'instruction, le progrès des lettres, des sciences et des arts, les rapports intellectuels établis par la presse avec les hommes de notre génération et avec ceux qui nous ont précédés, la liberté civile et politique, les voies rapides de communication, toutes ces choses ne sont que la manifestation extérieure de la civilisation ; leur influence n'est salutaire que si elle trouve pour contrepoids dans les cœurs la religion, l'autorité paternelle, les traditions et les affections du foyer. Cette opinion est partagée par tous les hommes d'Etat dignes de ce nom qui dirigent l'Angleterre et les Etats-Unis. En France, les hommes d'Etat ont cru trop longtemps devoir faire abstraction de la religion et de la morale (1). »

(1) *Journal Officiel* du 22 mars 1872. — Rapport sur les Causes de l'insurrection du 18 mars 1871.

Peut-on appeler des hommes d'Etat des politiciens qui, appelés par le hasard des événements à gouverner un peuple, mettent de côté la religion et la morale et les remplacent par je ne sais quelles vagues théories sur la perfectibilité humaine. Que peuvent contre le déchaînement des passions humaines, contre le besoin de jouir et de posséder pour jouir, ces rêveries pseudo-philosophiques ? On peut en juger par les résultats que nous avons actuellement sous les yeux.

(N. des E.)

III.

L'influence des milieux où l'on vit.

Les obscurités de l'intelligence et les défaillances de la volonté suffiraient à expliquer l'affaiblissement de l'esprit religieux et le phénomène de l'incrédulité, si l'homme vivait isolé, ne prenait conseil que de lui-même, n'agissait que d'après sa propre impulsion ; mais il est essentiellement sociable, constamment en contact avec ce qui l'entoure et en subit l'influence.

Les âmes se manifestent au dehors par l'intermédiaire de la parole et de l'exemple, et exercent les unes sur les autres un empire bienfaisant ou funeste. De ce commerce intime des consciences résulte une conscience générale qui prédomine dans la famille, dans l'école, dans la société. Selon que les consciences individuelles sont en majorité vraies ou fausses, approuvant ou désapprouvant le bien, blâmant ou encourageant le mal, la conscience générale revêt un caractère de rectitude ou de fausseté morale, et elle agit avec d'autant plus d'efficacité que son action est plus concentrée, que le cercle dans lequel elle se produit est plus restreint. Il est triste de l'avouer, mais depuis longtemps l'esprit public est mauvais parmi nous. Le scepticisme religieux est partout : il a osé s'introduire dans le sanctuaire de la famille ; il s'est assis sur les bancs de l'école et dans la chaire du professeur, il aspire au gouvernement de la société. Apprenons à connaître ce mal profond, sans nous le dissimuler, afin de le combattre vigoureusement.

D'après les lois de la nature, l'animal naît parfait, mais l'homme naît perfectible. C'est sous l'action lente, profonde et répétée de la famille que l'enfant grandit, se forme à la vie intellectuelle et morale, comme à la vie physique. Autant vaut l'éducation première, autant vaut l'homme. Qui n'a reçu de l'éducation la direction de toute sa vie ? Arrivés à l'âge mûr, ne révélons-nous pas dans notre parole les enseignements, les doctrines vraies ou fausses du foyer paternel ? Ne portons-nous pas dans notre vie religieuse et morale l'empreinte des exemples que nous avons reçus de nos parents ? Lorsque autrefois la religion exerçait tout son empire sur la famille, quand la société domestique ne commençait pas sa journée sans se mettre en adoration devant l'image de Jésus-Christ, le foyer paternel était le plus beau spectacle qui pût être contemplé. Le père, portant au front un reflet de l'autorité divine, façonnait sés enfants à l'image de l'Homme-Dieu. Il les instruisait avant tout de leurs grandes et éternelles destinées, réprimait leurs mauvais penchants, assouplissant leur volonté par l'obéissance, leur donnant le goût et l'habitude des solides vertus. La mère avait le sentiment de sa haute vocation : elle se savait appelée à enfanter, à nourrir et à élever des chrétiens faits à l'image de Dieu. La grandeur et la difficulté de sa tâche ne l'effrayaient pas, parce qu'elle avait appris, dès sa jeunesse, à compter sur la Providence et puisé dans une éducation sérieuse et chrétienne l'amour du sacrifice. Elle était heureuse dans ses souffrances, car la vraie joie est le fruit de l'immolation volontaire. Des enfants nombreux, formés à l'accomplissement du devoir envers Dieu et envers tous, faisaient la gloire et la satisfaction de leurs parents et portaient avec fierté un nom sans tache. C'était partout une autorité paternelle respectée, un dévouement maternel inaltérable, une obéissance filiale pleine de tendresse. Nous sommes loin de ces temps-là. J'en prends à témoin ceux qui ont étudié la société moderne : n'assistons-nous pas à la dissolution des familles ?

Un père irréligieux ou indifférent n'est plus aux yeux de l'enfant le délégué de l'autorité divine : il n'est plus qu'un homme, rien qu'un homme. Il ne connaît pas même ses devoirs, ou, s'il les connaît, ne voulant pas les remplir, il abdique lâchement. Aussi, il n'y a plus de direction au foyer domestique : chacun pense ce qu'il veut, lit ce qu'il veut, émet librement les affirmations les plus téméraires et se livre à tous ses penchants, pourvu que l'opinion publique n'en soit pas informée. La mère a été baptisée, a fait sa première communion ; mais, femme mondaine, elle n'accomplit quelques rares devoirs religieux que par habitude et respect humain. N'ayant jamais connu l'idéal de la maternité chrétienne, elle en abdique la gloire et en méconnaît les joies. Volage, sensuelle, égoïste, en proie à un profond ennui, elle n'aime ni son mari, ni ses enfants ; elle fuit le foyer pour étaler son luxe et trouver le plaisir. Ainsi, déchéance de l'autorité paternelle, égoïsme de la mère, émancipation précoce de l'enfant, telle est la famille de nos jours. Et pourquoi cette dissolution? C'est parce que la sève catholique ne circule plus dans les membres de cette société, source de toute société.

Lorsqu'un édifice doit être battu par les vents, on lui donne des fondements solides; en ces temps où le souffle de la révolution et du scepticisme religieux ébranle la famille, il faut la rétablir sur ses anciennes bases, sur les principes d'une religion ferme, éclairée, dont le père et la mère donneront l'exemple aux enfants.

C'est à l'école que s'achève l'éducation première, c'est là qu'elle se perfectionne ou se détériore; c'est de là que l'homme sort armé de convictions puissantes et de vertus solides ou victime d'un scepticisme stérile et de vices honteux. Si la tâche du père de famille est difficile, celle de l'instituteur l'est plus encore; il rencontre de plus nombreux obstacles. Plus vous réunissez de jeunes gens dans une atmosphère commune, plus vous groupez ensemble d'esprits mobiles, de cœurs passionnés, de foyers de concupiscence qui ne cherchent qu'à rayonner au dehors. C'est ce qui a fait dire à un écrivain : « Qui assemble les hommes les corrompt. »

La religion seule peut triompher de ces funestes tendances du premier âge. C'est elle qui a le pouvoir de fixer dans ces jeunes intelligences des principes stables par l'enseignement et l'exemple que donnent chaque jour des maîtres convaincus; c'est elle qui peut purifier ces cœurs ardents, les rendre invulnérables par la force divine des sacrements. J'ai connu de ces établissements où la religion est entourée d'hommages, où elle domine toutes les pensées, inspire toutes les affections. Là on respire je ne sais quel parfum de foi et de vertus surnaturelles, on sent que l'on devient meilleur.

Or, si dans nos collèges la religion est officiellement représentée dans la personne d'un aumônier, dans beaucoup elle ne peut exercer une action efficace. Sa parole, combattue par les exemples et les enseignements de chaque jour, ne rencontre que des esprits prévenus ; elle ne trouve que des cœurs flétris et dominés par le vice.

Ne voyez-vous pas dans nos lycées l'indifférence religieuse sans cesse en action sous les yeux des jeunes gens ? L'enseignement y est confié indistinctement à des Juifs, à des protestants, à des incrédules ; le ministre est à côté de l'aumônier, placé sur la même ligne. De ces faits incessants, de ces habitudes de la vie, que doivent conclure les élèves, sinon que les religions sont également bonnes, également sans importance ? A cet enseignement par l'exemple ajoutez l'enseignement proprement dit. Qu'est-il, cet enseignement du professeur ? C'est, en littérature, la glorification des hommes de l'antiquité païenne, de leurs vertus naturelles, de leurs actes d'héroïsme. On se tait sur leurs vices, sur les ignominies de leur vie privée, pour exalter quelques actes d'ostentation de leur vie publique, quelques belles sentences de morale qu'ils ont puisées dans les traditions des ancêtres. Le monde chrétien reste étranger à ces jeunes gens ; ils ignorent ses grands hommes, ses grands docteurs, ses saints, sa civilisation, sa supériorité intellectuelle, morale et civile. Si on leur en parle dans des cours d'histoire, c'est

trop souvent pour redire sur les papes, sur les insti-
tutions religieuses des calomnies cent fois réfutées.
Comment, dès lors, pourraient-ils apprécier les
bienfaits du christianisme et le considérer comme
une religion divine ? En philosophie, dans ces cours
où l'intelligence devrait se former des convictions
raisonnées et s'exercer à discerner le vrai du faux,
beaucoup n'apprennent que l'art de douter et sortent
de ces études ne pouvant, comme Jouffroy, que
regretter ces heureuses années de l'enfance qui
alliaient en eux l'honneur de la vertu au calme de
l'intelligence. « Qui n'a connu cet écolier qui, l'âge
venu, déclare qu'il ne croit plus à rien ? Pour lui,
maîtres, parents, Eglise et tradition, grands hommes,
grands auteurs et grands siècles, Bossuet et Fénelon,
Pascal et tous les autres, tout cela n'est pour lui
que mensonge, sottise, superstition, ténèbres. Lui
seul sait à quoi s'en tenir et il s'y tient. Cet enfant
est manifestement ridicule, mais ne sommes-nous
pas nous-mêmes cet enfant (1) ? » Oui, du collège, du
lycée, de l'école normale, beaucoup ne rapportent-ils
pas un scepticisme désolant, et n'est-ce pas sous
l'influence de ces premières appréciations de la jeunesse que, parvenus à l'âge mûr, ils se prononcent
encore sur le christianisme et le catholicisme ?

Pendant que les convictions de ces jeunes intelligences tombent sous les coups répétés que leur porte
la parole d'un professeur sceptique, les cœurs s'amol-
lissent et se corrompent dans les étreintes de la
volupté. Ils perdent le sentiment de la pudeur et ne

(1) Gratry, *De la sophistique.*

recherchent plus que l'abject. Inclinés vers la matière, ils sont dégoûtés de ce qui est élevé, de ce qui est pur, dégoutés de Dieu et de ce qui leur parle de Dieu. Un maître, à la façon des sages de l'antiquité, feint de sentir sa responsabilité et de vouloir réagir contre le mal. Il répète pompeusement quelques sentences de morale naturelle, il parle du respect que l'homme se doit à lui-même ; mais c'est en vain, il est obligé d'avouer son impuissance. La sève divine de la religion aurait pu relever ces âmes et les transfigurer ; mais ni le maître, ni les élèves, ne croient plus à la religion, comment pourraient-ils lui demander un remède au mal qui les ronge ? Oh ! que de parents, au moment où ils croyaient serrer dans leurs bras un enfant docile et pur, n'ont plus retrouvé qu'une hideuse victime du vice ! — Ce sont là des faits malheureusement trop fréquents, qui devraient apprendre aux familles combien il importe de choisir des écoles présentant des garanties de religion et de moralité. L'on peut dire aujourd'hui de beaucoup de ces écoles ce qu'écrivait l'illustre de Maistre : « L'œil du sage s'arrête douloureusement sur cet amas de jeunes gens où les vertus sont isolées et les vices mis en commun. »

Que les personnes riches et éclairées y réfléchissent, il en est temps. C'est du collège qu'elles ont rapporté ces habitudes d'incrédulité qui ont scandalisé les classes laborieuses et ont produit chez elles les effets les plus désastreux. « Le mal », dit un législateur, « est plus grand et plus grave qu'à la fin du siècle dernier. La négation a gagné toutes les couches de la société ; les doctrines de néant ont pénétré dans les classes ouvrières et là elles ont fait des ravages d'autant plus affreux qu'elles ne trouvaient aucun contrepoids dans la culture de l'esprit, dans la rectitude des mœurs et des habitudes, dans le point d'honneur. La principale cause du mal doit être cherchée dans les vices de l'enseignement national (1). »

Ce n'est pas seulement au foyer domestique et à l'école que les âmes révèlent leurs tendances bonnes ou mauvaises, communiquent entre elles et agissent les unes sur les autres ; elles ont un milieu plus ample, une atmosphère plus étendue, où elles se rencontrent : c'est la grande famille humaine, c'est la société. Là se forme l'opinion publique, qui est comme un vaste réservoir de vie intellectuelle et morale, dans lequel on puise la vérité ou l'erreur, la vertu ou le vice. Ce milieu exerce une influence moins puissante que celle de la société domestique

---

(1) Rapport de M. Delpit sur les Causes de l'insurrection du 18 mars 1871. — *Journal Officiel*, 15 mars 1872.

L'enseignement public, en France, pendant la période dont parle M. Delpit, ne fut, certes, pas à l'abri de tout reproche. Mais le mal a fait, depuis lors, de singuliers progrès. L'instruction religieuse, loin d'être exclue de l'école primaire, y occupait une place suffisante, grâce à la bonne harmonie qui régnait en général entre le prêtre et l'instituteur. — Maintenant, la moitié de la jeunesse française est élevée sous le régime de la neutralité, c'est-à-dire en dehors de tout principe religieux. Il est donc permis de se demander quelles seront, au point de vue social, les conséquences d'un pareil système. —

(N. des E.)

ou de l'école, parce qu'il est moins restreint et laisse un plus libre essor à l'activité individuelle. Toutefois, nul ne peut s'affranchir totalement de sa domination, à moins qu'il ne soit un génie ou un saint doué de vertus héroïques. Quel est l'homme qui ne porte au front le signe de son siècle et du pays où il a vécu ?

Cet esprit public dont tous, plus ou moins, nous ressentons l'action, se révèle et se communique par la parole, par les écrits, par les mœurs contemporaines.

La parole est l'expression de l'âme humaine ; elle en donne la mesure et la valeur. Mais, si elle fait connaître ce que vaut un homme, elle révèle aussi ce que vaut une société, ce que sont ses idées dominantes et ses aspirations. Si vous voulez savoir quelle est la résultante des pensées et des tendances d'un peuple, écoutez et cherchez à saisir quelle est la parole publique qui appelle l'attention, et possède les sympathies de la multitude. Si la parole acclamée est une parole de vérité, de justice et de respect, la société est en progrès, elle s'élève et se perfectionne ; si c'est, au contraire, une parole de mensonge, de dénigrement et de luxure, la société est en décadence et marche à sa ruine.

Or la parole contemporaine a des courants divers ; elle manifeste dans les âmes des tendances opposées et nettement accusées. Au commencement de ce siècle, c'était la parole sceptique et railleuse de Voltaire qui dirigeait la classe élevée de la société se courbant servilement sous cette domination perverse. Aujourd'hui, comme on a généralement peu de sympathie pour ceux qui n'ont pas le courage de leurs convictions, on craint moins qu'autrefois de s'affirmer hautement. Aussi, dans nos assemblées publiques, la vérité religieuse, la vertu et l'honneur ont des défenseurs distingués, des orateurs puissants et écoutés. Mais, dans les clubs, dans beaucoup de cercles, la parole qui prévaut est la parole sans pudeur, surtout la parole du mépris, de l'indépendance et de la révolte ; toute autorité, l'autorité civile, l'autorité politique, l'autorité religieuse, y est en butte à la critique ; tous l'attaquent, personne n'ose la défendre. Dans les hôtels, ce qui fait généralement le charme d'une conversation et lui donne du succès, c'est qu'elle est une insulte à l'autorité, à la religion, à la vertu. Dans les salons, c'est la parole du scepticisme léger et discret : on ne discute pas, on respecte toutes les opinions, mais les convictions font défaut.

Si l'on veut se prémunir contre l'influence des conversations perverses, il faut s'armer de principes fermes et éclairés et ne pas craindre de les opposer aux sophismes qui circulent dans la société ; car, si l'on se taisait, bientôt l'oreille se blaserait, le cœur perdrait sa pudeur, l'esprit sa clarté, et l'on finirait par aimer ce que l'on réprouvait.

La puissance du livre ou du journal est supérieure à celle de la conversation ou du discours public. Le son de la parole passe rapidement sans produire d'impression durable, sans captiver longtemps les puissances de l'âme. La lecture revêt toujours le caractère de la confidence et de l'intimité. *Par ce mouvement irrésistible du cœur se penchant vers un autre pour y verser un secret ou pour en recevoir un,* celui qui se trouve seul en face d'un livre ou d'un journal est disposé à le considérer comme un ami, à entrer en communication avec lui, à l'écouter avec attention, sans préjugés, et, s'il le faut, à relire plusieurs fois la même page, pour se pénétrer de la pensée qu'elle renferme. Dès lors, peut-on ne pas subir l'influence d'un livre, surtout d'un journal avec lequel on a chaque jour ces relations intimes? Ne s'illusionnent-ils pas, ceux qui, sous prétexte de vouloir tout juger avec impartialité, se livrent sans discernement à la lecture des écrits les plus dangereux? On a droit de douter de leur sincérité ou de la rectitude de leur jugement. C'est avec raison que l'on a dit : « Si vous avez intérêt de connaître une jeune personne, renseignez-vous sur les livres dont elle fait sa lecture habituelle. » L'on pourrait ajouter : Si vous voulez apprécier la valeur intellectuelle et morale d'un homme, cherchez à connaître quelle est sa bibliothèque, quel est surtout son journal.

Or, où en est notre littérature contemporaine? Fidèle expression de notre société, elle a produit deux écoles opposées. L'une est l'école de la vérité et du respect; c'est elle qui nous donne les œuvres sérieuses de philosophie, d'histoire, d'éloquence, ces œuvres de pensées et de style qui font la gloire de notre langue française. L'autre est l'école du mensonge et du dénigrement. Elle satisfait les tendances abjectes et les goûts pervers. C'est là, qu'avec la prétention de rapporter les faits de notre vie nationale, depuis 1789, on déverse le mépris sur quatorze siècles de notre glorieuse histoire; qu'on préconise la révolte contre l'autorité légitime; qu'on exalte, comme dignes d'admiration, les massacres les plus sanguinaires, et que de vulgaires scélérats on veut faire des héros. — Ce que cette école nous a donné d'écrits philosophiques et religieux ne se distingue que par l'absence de doctrine et de logique. En lisant ces ouvrages, on ne sait ce que l'on doit admirer davantage ou de l'effronterie avec laquelle s'étalent les idées les plus contradictoires, ou de l'imbécilité des lecteurs qui acceptent ces productions comme sérieuses. Jamais, en d'autres siècles, un écrivain n'eût osé se rire ainsi de l'intelligence de ses contemporains.

Le journal ou la revue est, comme le livre, l'exacte reproduction de notre vie publique.

Il y a en France une presse vaillante et désintéressée qui se consacre à la défense de la vérité, de la justice et de la religion. Elle compte de grands talents et de beaux dévouements. Sans flatter les vils penchants du genre humain, rien que par la courageuse affirmation des vrais principes et cette sympathie qu'inspire une noble cause, elle a su se conquérir des lecteurs d'élite, se faire respecter de ses adversaires et se placer au premier rang.

Mais il est une autre presse qui est l'opprobre de la littérature moderne et la honte de notre pays. Elle n'a qu'un but : c'est de plaire, c'est de séduire, en caressant les passions mauvaises. Elle a pour abonnés tous ceux qui veulent vivre de mensonge et de corruption. Elle sait saisir les goûts et les exigences diverses de ses lecteurs et s'y conformer.

A l'homme illettré, à l'ouvrier, au petit bourgeois, elle offre ce journal que vous rencontrez, sous des noms différents, dans les estaminets, dans les cafés, sur tous les boulevards. Ce qui fait le succès de cette feuille, c'est la vulgarité du style, la grossièreté du langage, le mensonge sans pudeur, l'insulte à Dieu, aux prêtres, à la vertu et à tout pouvoir désarmé. Quel est l'homme constamment imprégné de ce milieu, qui conserverait encore des croyances et ne sentirait son cœur en révolte permanente contre toute autorité ? Est-il étonnant que, nourri de ces lectures, le peuple français soit devenu ingouvernable ?

Aux abonnés de la classe éclairée et polie, la presse sceptique et vénale réserve ses écrivains les plus exercés. En minant par degrés les vieux principes de religion et d'autorité sur lesquels repose toute société, elle ne le fait qu'avec discrétion et courtoisie. Elle affirme comme un axiome qu'en matière de vrai et de faux, il n'y a aucune règle, aucune autorité ; que tout individu a le droit de croire ce qu'il veut, de penser ce qui lui plaît. Entre les dogmes les plus opposés, elle ne reconnaît que des nuances. Dans la même revue, elle étale avec une égale indifférence la doctrine la plus pure de la libre-pensée et un article de l'orthodoxie la plus irréprochable. Quelle est l'intelligence formée à cette école du scepticisme qui conserverait des convictions et des croyances ? Faut-il s'étonner, si, de nos jours, on se demande où sont les hommes de principes et de caractère ?

Il est une dernière invention de la presse moderne

qu'il faut signaler : c'est le roman, c'est le journal amusant, devenu la lecture de tout le monde. C'est là que l'intelligence perd sa vigueur, l'habitude de réfléchir, d'enchaîner ses idées. C'est là que le cœur se corrompt, au spectacle du crime que l'on honore, des scandales que l'on célèbre, des courtisanes, des duellistes et du demi-monde, que l'on glorifie. Aussi est-ce surtout cette presse légère qui a fait dire que notre littérature est la plus immorale de l'Europe.

En résumant les considérations précédentes, on peut conclure, avec Lacordaire : « Depuis trois ou quatre siècles, tous les écrits modernes sont infectés d'orgueil, de sensualisme, de doute. Les gens de bien eux-mêmes, affaiblis dans leur sens intime par le contact de l'erreur, ont semé les meilleurs livres d'opinions fausses ou funestes (1). »

Il reste aux gouvernements un grave devoir à remplir, s'ils connaissent leur mission et sont soucieux de leurs vrais intérêts : c'est de réprimer la mauvaise presse. S'ils lui laissent une entière liberté, je ne crains pas d'affirmer que le mal triomphera inévitablement. Le mauvais livre, le mauvais journal possède tous les avantages. Il a d'abord, au fond de tout cœur humain, des complices intéressés : ce sont les penchants pervers qu'il caresse, c'est le feu de toutes les concupiscences qu'il vient attiser. Quand il a dit à l'ouvrier vivant avec peine de son travail : « Ne savez-vous pas que tous les hommes sont égaux ? De quel droit votre voisin a-t-il seul la fortune en

____

(1) *Lettres.*

partage ? » Après cet appel à la révolte et au pillage, comment cet ouvrier irrité accueillera-t-il celui qui viendra lui recommander la résignation, le devoir, le respect du droit d'autrui ? — L'impression première reste, rien ne peut l'effacer. Le mauvais journal, dans son apostolat de perversion, possède, en outre, le prestige de l'inconnu. Sous le voile de l'anonyme, c'est probablement un scélérat qui vient séduire et tromper. Si on le connaissait, on le fuirait, on rougirait d'avoir avec lui des relations ; mais, n'entendant que ses paroles flatteuses, on l'accueille au foyer domestique comme un confident ; on lui ouvre son cœur. Quel funeste empire il exerce ? Que de ruines il accumule dans les âmes ? Ah ! Voltaire connaissait bien cette puissance de la presse malhonnête, lorsque, avant de mourir, jetant un coup d'œil sur les croyances qu'il avait détruites, les esprits qu'il avait ébranlés, les cœurs qu'il avait pervertis, il disait : « Ce sont les livres qui ont tout fait. » Oui, ce sont les livres qui ont fait le protestantisme et la Révolution française ; ce sont les livres et les journaux qui ont fait ces demi-savants soufflant partout la révolte et maintenant la société dans une crise permanente.

En présence de ces résultats, il semble que les hommes d'État devraient connaître leurs devoirs. Pour justifier leur incurie, ils vous disent : « Si le mal est libre, le bien l'est aussi ; la liberté du bien ne peut-elle pas paralyser la liberté du mal et en arrêter les effets ? » Non, elle ne le peut pas, l'expérience le démontre. Le mal a des attraits que le bien ne possède pas. Que diriez-vous d'un gouvernement qui permettrait au choléra ou au typhus de s'introduire en France, sous prétexte qu'il y a des médecins pour guérir de ces maladies ? — Mais, ajoute-t-on, réprimer la presse malhonnête et révolutionnaire, n'est-ce pas susciter des représailles ? Si le pouvoir tombe un jour aux mains des révolutionnaires, ne profiteront-ils pas de leur situation pour se venger et asservir la presse conservatrice ? — Défions-nous d'une candeur excessive et sachons profiter des leçons de l'expérience : l'histoire nous apprend que là où est l'erreur, la révolution domine, elle se rit de cette généreuse impartialité et se hâte d'opprimer la vérité et la justice.

Si la puissance de la parole et de la lecture est grande, celle de l'exemple l'est plus encore, surtout lorsqu'il vient d'en haut. L'action d'un général s'élançant le premier à l'assaut d'une place ennemie a plus d'efficacité que les plus belles harangues, pour enflammer le courage des soldats. Il y a, de nos jours, de nombreux exemples des plus hautes vertus, de ces vertus divines d'abnégation, de chasteté, d'obéissance, qui relèvent le niveau moral d'un peuple et rendent à la conscience publique toute sa délicatesse. Dans les communautés religieuses, dans le clergé, dans les classes les plus élevées, comme parmi le peuple, il y a de ces vies de sacrifice, de ces existences héroïques et inconnues qui apaisent la colère divine sur le point d'éclater. Mais, à côté, l'exemple du vice, de sa nature plus contagieux que l'exemple de la vertu, a produit de tels ravages, qu'il a imprimé à notre société des signes de décadence. Le sensualisme, ce trait caractéristique des époques d'abaissement, est au fond de nos mœurs contemporaines ; c'est en vain qu'on voudrait se le dissimuler. On ose à peine esquisser l'immoralité qui nous envahit ; car c'est le propre des siècles corrompus de ne pas permettre qu'on leur représente le mal qu'ils ne rougissent pas de faire.

Qu'est devenu le mariage, cette base sur laquelle reposent les nations puissantes ? Ainsi qu'on l'a dit avec justesse, le mariage commence souvent comme une société de commerce pour finir comme une association sans but. Les parents s'attristent de la naissance de leurs enfants et les enfants se réjouissent de la mort de leurs parents. (1).

Le luxe a pris des proportions qu'il avait à peine connues dans les antiques cités de Babylone, de Tyr, de Rome ou de Carthage. C'est une prodigalité d'ameublements, de toilettes, de dépenses. Au lieu de se tenir dans ces limites qui en faisaient un signe légitime de la hiérarchie sociale, il domine toutes les classes de la société, les pauvres comme les riches. On voit les petites fortunes se briser et disparaître, en voulant imiter les grandes. Et, ce qu'il y a de plus triste, c'est que, en présence de l'immense misère produite par ce luxe excessif, on ose le vanter comme étant l'essor de l'industrie, la source du travail et du bien-être de l'ouvrier. Ne faudrait-il pas conclure, au contraire, qu'il est temps de le réprimer, parce qu'il est un des traits saillants de notre déchéance morale ?

_____

(1) Le R. P. Caussette.

La scène française est une école de mœurs sensuelles où, sans parler des costumes, des attitudes, on exalte le vice, on glorifie l'adultère, on réhabilite les alliances criminelles, on se rit de tout ce qui est respectable, de tout ce qui maintient la famille et la société.

La chute de l'art, sous toutes ses formes, suit la dégradation des mœurs. Ne s'élevant plus dans les hautes régions de l'idéal, il devient réaliste, sensuel et souvent obscène.

Telle est la physionomie de notre société. Pour vous convaincre que je n'exagère rien, écoutez ces paroles d'un rapport officiel : « La principale cause du mal doit être cherchée dans les vices de l'enseignement national et nous n'entendons pas parler seulement de l'enseignement de l'école, mais aussi de la presse périodique, des livres, des théâtres, des réunions publiques, de l'Internationale, de la Franc-Maçonnerie et de toutes les sociétés secrètes. Il y a eu comme un concours malheureux d'efforts pour affaiblir chez nous les croyances religieuses, et cet affaiblissement est l'une des grandes causes de nos défaillances morales, de notre faiblesse devant l'ennemi, comme de notre apathie devant l'insurrection. On le reconnaît aujourd'hui, l'esprit de la nation a été vicié à sa source et l'abaissement du niveau intellectuel et moral frappe tous les yeux (1). »

De ces études, nous devons conclure que l'irréligion ne doit pas se glorifier de son origine. Lors-

____

(1) Les causes de décadence signalées par l'auteur du Rapport se sont aggravées dans des proportions qu'il était difficile

qu'elle prend des airs de dédain et de supériorité, rappelons-lui qu'elle est le fruit de l'ignorance, de la légèreté d'esprit, de la fausseté du jugement, du vice et de la faiblesse du cœur. A celui qui de bonne foi se plaint de ne pas croire, de ne pas être religieux, rappelons ces paroles d'un célèbre apologiste moderne : « Pratiquez ce que vous croyez déjà et méritez par là de croire tout ce que vous devez pratiquer. Si vous croyez en Dieu, adressez-vous à lui ; priez, et il vous accordera une foi entière et inébranlable (1). »

sinon impossible de prévoir en 1872. — Plus que jamais la presse et le théâtre sont des instruments de dépravation d'une puissance formidable. Les tribunaux, toujours disposés à frapper les écrivains politiques dont l'indépendance est gênante pour les hommes au pouvoir, ferment les yeux sur des publications qui sont la honte d'un pays civilisé. Et comme si cela ne suffisait pas, la Ligue de l'Enseignement, œuvre de la Maçonnerie, organise sur tous les points de la France des bibliothèques où sont accumulés les ouvrages les plus irréligieux de notre époque. Des conférenciers, payés par la secte, parcourent les villes où la Ligue est établie et signalent à la haine et au mépris des foules tout ce qui a un caractère religieux. — Que deviendra, lorsqu'il n'y aura plus un principe debout, notre force de résistance en face de l'ennemi, si jamais l'étranger menace de nouveau nos frontières?

(1) Auguste Nicolas

TABLE DES MATIÈRES.

Cîteaux. — Imp. Guillermain.